中等职业学校烹饪专业教学用书

数　学

杭州市西湖职业高级中学　编

ZHEJIANG UNIVERSITY PRESS
浙江大学出版社

图书在版编目(CIP)数据

数学 / 袁长渭主编. —杭州:浙江大学出版社,2009.8
(2020.9 重印)
中等职业学校烹饪专业教学用书
ISBN 978-7-308-06952-6

Ⅰ.数⋯ Ⅱ.袁⋯ Ⅲ.数学课—专业学校—教材 Ⅳ.
G634.601

中国版本图书馆 CIP 数据核字(2009)第 148731 号

数学

杭州市西湖职业高级中学　编

责任编辑　石国华
封面设计　刘依群
出版发行　浙江大学出版社
　　　　　(杭州市天目山路 148 号　邮政编码 310007)
　　　　　(网址:http://www.zjupress.com)
排　　版　杭州星云光电图文制作有限公司
印　　刷　广东虎彩云印刷有限公司绍兴分公司
开　　本　710mm×1000mm　1/16
印　　张　11.75
字　　数　220 千
版 印 次　2009 年 8 月第 1 版　2020 年 9 月第 8 次印刷
书　　号　ISBN 978-7-308-06952-6
定　　价　30.00 元

浙江大学出版社市场运营中心联系方式:0571－88925591;http://zjdxcbs.tmall.com

编 委 会

主　　编　　袁长渭

副 主 编　　靳剑航　　　麻来军

编写人员　　袁长渭　　　靳剑航　　　麻来军

　　　　　　许　萍　　　段　蕊　　　刘福华

　　　　　　邵　林　　　王文涛

前　言

　　本书适合作为中等职业学校烹饪专业高二年级学生学习使用的数学教材,作为烹饪专业学生学习的职业模块数学教材。本书按以就业为导向、以能力为本位、以岗位需要和职业标准为依据、以促进学生职业生涯发展为目标的要求编制。本书的主要教学目的在于让学生通过学习和训练,能解决烹饪学习过程中遇到的各种成本核算的问题;能用数学知识解决在烹饪学习过程中遇到的其他与数学有关的问题;能用数学的思维考虑和分析在创业过程中遇到的实际问题;能体验数学给生活带来的乐趣。

　　本教材内容编写由浅入深,在编写过程中力求突出以下特点:

　　◆情景引入:通过设置一个名叫王小厨的烹饪专业的学生在学习烹饪过程中遇到的与数学有关的问题引入,带着这些疑惑去请教老师——张大厨。张大厨揭示其中的数学基本概念、基本原理和烹饪方面的基本概念、基本原理。王小厨理解了这些基本概念和原理以后,自己先去尝试解决这些疑问。

　　◆问题解决:情境中遇到的这些问题是通过“提出或发现问题→教师指点→学生尝试→教师示范→学生实践”来完成的。不同的问题能激发学生的学习兴趣,解决问题后的成就感反过来又提高了学生的学习动机。坚持遵循实践→认识→实践的知识形成和深化的过程。

　　◆能力本位:在教学目标的制定、课程内容的安排以及教学策略的选择等方面都充分注意到了学生的能力培养。引导学生用数学基础知识和数学思维方式来解决烹饪学习中遇到的实际问题,提高自己提出问题、分析问题和解决问题的能力。学生不仅能较好地完成学习任务,而且能促进专业的学习,充分体现职业教育课程的本质特征。

　　本教材由袁长渭主编,靳剑航主审全书,并对部分章节进行了修改,麻来军承担构建整本教材的框架结构任务,并组织许萍、段蕊、刘福华、邵林、王文涛对每一章节的科学性进行了论证。许萍编写了第一章和第二章,刘福华编写了第三章和第四章,段蕊编写了第五章、第六章、第七章和第九章,邵林与许萍合作编写了第八章。王文涛老师担任本书烹饪专业理论知识科学性的审定任务。

　　本教材编写小组成员衷心感谢刘大翰对本教材的文字和图片进行了处理,感谢刘丹和方新军为本书的编写提供了一定的素材和一些编写的建议。

　　由于时间仓促,编写组能力有限,书中的不足之处在所难免,希望广大使用者提出宝贵意见。

编　　者

2009 年 6 月

目　　录

第一章　数的基本运算与原料的成本核算

1.1　常用重量单位及其换算

王小厨点击

在日常生活中,常见的重量单位有哪些呢? 一般超市的包装袋上经常用的是法定计量单位,即千克(kg)和克(g),而我们去菜场买菜却经常用的是非法定计量单位,即斤和两,在上烹饪操作课时,我们去菜场买原料的时候经常与这些重量单位打交道,那么它们之间是怎样换算的呢?

张大厨揭秘

重量单位的换算:

1 公斤＝1 千克＝1000 克　　　　　1 公斤＝2 市斤(市斤即我们平时说的斤)

1 斤＝10 两　　　　　　　　　　　1 斤＝500 克

1 两＝50 克

平时,我们在食品的包装袋上看到标着的重量单位最多的是克,而我们在买菜的时候用得最多的是斤、两。那么它们之间如何换算呢?

王小厨磨刀

1 斤＝＿＿＿＿＿＿克　　　　　　　1 两＝＿＿＿＿＿＿克

250 克＝＿＿＿＿＿＿斤　　　　　　400 克＝＿＿＿＿＿＿两

10 公斤＝＿＿＿＿＿＿斤　　　　　　100 克＝＿＿＿＿＿＿两

4 两＝＿＿＿＿＿＿克　　　　　　　5 两＝＿＿＿＿＿＿克＝＿＿＿＿＿＿公斤

张大厨示范

【例 1.1】　已知一份"滑蛋牛肉"的原料有:腌渍牛肉 200 克,净鸡蛋 300 克,味精 1.5 克,猪油 75 克,葱 10 克。现王小厨餐厅每天可以卖出滑蛋牛肉 30 份。问:每天应该购进牛肉几斤? 净鸡蛋几斤? 味精几两? 猪油几斤? 葱几斤?

解　需要牛肉:200×30＝6000(克)

因为 1 斤＝500 克

$$6000 克＝\frac{6000}{500}＝12（斤）$$

需要净鸡蛋：$300 \times 30＝9000（克）$

$$\frac{9000}{500}＝18（斤）$$

需要味精：$1.5 \times 30＝45（克）$

因为 1 两＝50 克

所以 45 克$＝\frac{45}{50}＝0.9（两）$

需要猪油：$75 \times 30＝2250（克）$

$$2250 克＝\frac{2250}{500}＝4.5（斤）$$

需要葱：$10 \times 30＝300（克）$

$$300 克＝\frac{300}{500}＝0.6（斤）$$

答：每天应该购进牛肉 12 斤；净鸡蛋 18 斤；味精 0.9 两；猪油 4.5 斤；葱 0.6 斤。

【例 1.2】 王小厨餐厅最近推出"松子鱼"和"西湖菊花鱼"。已知一份松子鱼的原料有：青鱼肉 350 克，净鸡蛋 70 克，生粉 75 克，糖醋 275 克，白糖 25 克，味精 5 克，三色蛋丝 30 克，生油 150 克，精盐 2.5 克；一份西湖菊花鱼的原料有：青鱼肉 200 克，五柳料 50 克，生粉 80 克，净鸡蛋 35 克，糖醋 200 克，生油 75 克，味精 5 克，精盐 4 克。这家餐馆每天可卖出松子鱼 35 份，西湖菊花鱼 40 份。问：每天应该购进青鱼肉几斤？净鸡蛋几斤？生粉几斤？糖醋几斤？白糖几斤？味精几两？生油几斤？

解 需要青鱼肉：$350 \times 35＋200 \times 40＝20250（克）$

$$20250 克＝\frac{20250}{500}＝40.5（斤）$$

需要净鸡蛋：$70 \times 35＋35 \times 40＝3850（克）$

$$3850 克＝\frac{3850}{500}＝7.7（斤）$$

需要生粉：$75 \times 35＋80 \times 40＝5825（克）$

$$5825 克＝\frac{5825}{500}＝11.65（斤）$$

需要糖醋：$275 \times 35＋200 \times 40＝17625（克）$

$$17625 克＝\frac{17625}{500}＝35.25（斤）$$

需要白糖：$25 \times 35＝875（克）$

$$875 克 = \frac{875}{500} = 1.75（斤）$$

需要味精：$5 \times 35 + 5 \times 40 = 375$（克）

$$375 克 = \frac{375}{50} = 7.5（两）$$

需要生油：$150 \times 35 + 75 \times 40 = 8250$（克）

$$8250 克 = \frac{8250}{500} = 16.5（斤）$$

答：每天应该购进青鱼肉 40.5 斤；净鸡蛋 7.7 斤；生粉 11.65 斤；糖醋 35.25 斤；白糖 1.75 斤；味精 7.5 两；生油 16.5 斤。

王小厨实践

1. 已知一份"里脊肉丝"的原料有：猪里脊 200 克，冬笋 150 克，熟猪油 75 克，鸡蛋一个，重约 70 克。现某个餐馆每天可卖出里脊肉丝 25 份。问：每天应该购进猪里脊几斤？冬笋几斤？鸡蛋几斤？猪油几斤？

2. 已知一份"酥炸排骨"的原料如下：排骨 400 克，生粉 100 克，净蛋 40 克，糖 75 克，醋 75 克，色拉油 100 克，其他调料少许。某餐馆每天可以卖出这样的酥炸排骨 50 份。问：每天应该购进每种原料多少千克？

1.2　常用长度单位及其换算

王小厨点击

在日常生活中，我们经常跟哪些单位打交道呢？长度单位有米、分米、厘米、毫米；体积单位有立方米、立方分米（升）、立方厘米（毫升）；在练习刀工的时候，我们经常跟长度单位打交道。那么这些单位之间是怎样换算的呢？

张大厨揭秘

一、长度单位的换算

1 米＝10 分米　　　　　　　1 分米＝10 厘米

1 厘米＝10 毫米　　　　　　1 平方米＝100 平方分米

1 平方分米＝100 平方厘米　　1 平方厘米＝100 平方毫米

1 立方米＝1000 立方分米　　1 立方分米＝1000 立方厘米

1 立方厘米＝1000 立方毫米

二、烹饪刀工的基本工艺形状

1. 丁:

丁的形状近似正方体,它是通过片、切等刀法,将原料加工成大片,再切成条状,最后改刀成正方体的形状。丁分为大丁、中丁、小丁三种。

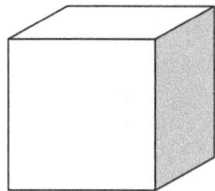

丁

大丁的规格约:2cm×2cm×2cm;中丁的规格约:1.2cm×1.2cm×1.2cm;小丁的规格约:8mm×8mm×8mm。

2. 粒:

粒是小于丁的正方体,成形方法与丁相同。粒分为大粒和小粒两种。

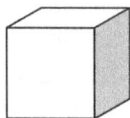

粒

大粒的规格约:6mm×6mm×6mm;小粒的规格约:4mm×4mm×4mm。

3. 米:

米是小于粒的正方体,成形方法与丁相同。

米的规格约:3mm×3mm×3mm。

米

（王小厨磨刀）

1. 填空:大丁的体积=＿＿＿＿＿ cm³,中丁的体积=＿＿＿＿＿ cm³,小丁的体积=＿＿＿＿＿ mm³=＿＿＿＿＿ cm³。

2. 填空:大粒的规格=＿＿＿＿＿ cm×＿＿＿＿＿ cm×＿＿＿＿＿ cm

大粒的体积=＿＿＿＿＿ mm³=＿＿＿＿＿ cm³

中粒的规格=＿＿＿＿＿ cm×＿＿＿＿＿ cm×＿＿＿＿＿ cm

中粒的体积=＿＿＿＿＿ mm³=＿＿＿＿＿ cm³

3. 填空:米的规格=＿＿＿＿＿ cm×＿＿＿＿＿ cm×＿＿＿＿＿ cm

米的体积=＿＿＿＿＿ mm³=＿＿＿＿＿ cm³

（张大厨示范）

【例 1.3】　有一个直径为 8cm,长为 20cm 的白萝卜,要切成丁。问:可以切成大丁多少个? 中丁多少个? 小丁多少个?

分析:一个白萝卜的形状可以近似地看成一个圆柱体。首先要求出这个圆柱体的体积,然后除以丁的体积,算出来就是近似的丁的数量。(实际上丁的数量肯定要少于我们算出来的这个数量,因为在加工的过程中,不可能所有的萝卜都可以充分利用)

解　(1)因为底面直径 $R=8$cm

所以萝卜的底面半径 $r=\dfrac{8}{2}=4$(cm)

所以底面面积 $S=\pi r^2=16\pi(\text{cm}^2)$

所以萝卜的体积 $V=Sh=16\pi\times20=320\pi(\text{cm}^3)$

又因为大丁的体积为 $2\text{cm}\times2\text{cm}\times2\text{cm}=8\text{cm}^3$

所以可以切成大丁 $\dfrac{320\pi}{8}\approx125(\text{个})$

（2）中丁的体积为 $1.2\text{cm}\times1.2\text{cm}\times1.2\text{cm}=1.728\text{cm}^3$

所以可以切成中丁 $\dfrac{320\pi}{1.728}\approx581(\text{个})$

（3）小丁的体积为 $8\text{mm}\times8\text{mm}\times8\text{mm}=512\text{mm}^3=0.512\text{cm}^3$

所以可以切成小丁 $\dfrac{320\pi}{0.512}\approx1962(\text{个})$

答：可以切成大丁 125 个，中丁 581 个，小丁 1962 个。

【王小厨实践】

1. 有一个直径为 4cm，长为 10cm 的小胡萝卜，要求切成粒。问：可以切成大粒多少颗？小粒多少颗？

2. 有一个 $4\text{cm}\times4\text{cm}\times6\text{cm}$ 的土豆毛胚，如果切成中丁，可以切成多少个？如果切成粒，则可以切成多少个？

1.3　净料率与百分比

【王小厨点击】

明天王小厨班有烹饪操作课，开始教他们学做热菜——学做"香干肉丝"。老师要他们去买原料，但只告诉他们要买的菜的净料的重量，跑到菜市场，他们为难了，因为菜场卖的都是毛料。他们应该怎样去进行毛料和净料之间的换算呢？

【张大厨揭秘】

一、净料的定义

毛料：未经加工处理的原材料。

净料：经过加工处理可以用来配制菜点的原材料。

如：菜场买回来的带壳的毛豆是毛料，而剥了壳的青豆就是净料；活鱼是毛料，净杀过的鱼就是净料。

二、净料率的概念

净料率就是加工处理后净料重量与毛料重量之间的比率。通常用百分数表示。其计算公式如下：

$$净料率（\%）=\frac{净料重量}{毛料重量}\times100\%$$

如:菜场买来一斤毛豆,剥了壳后只剩 7 两,则毛豆的净料率 $=\dfrac{0.7}{1}\times100\%$ $=70\%$。

三、损耗率

$$损耗重量=毛料重量-净料重量$$

$$损耗率=\frac{损耗重量}{毛料重量}\times100\%$$

$$净料率+损耗率=100\%$$

四、净料的单位成本

$$净料成本=\frac{毛料重量\times毛料进货单价}{净料重量}$$

王小厨磨刀

1.1000 克芹菜除去老叶、根,在洗涤以后得到净芹菜 700 克,则芹菜的净料率 $=$ _____。

2.500 克猪肝洗净(去除筋、血水)后得到 450 克净猪肝,则猪肝的损耗率 $=$ _____。

3.100 克鱼翅经拣洗、泡发后得到净鱼翅 180 克,则鱼翅的净料率 $=$ _____。

张大厨示范

【例 1.4】 某厨房购进土豆 24 千克,经冷加工后得到净土豆 16.8 千克。

(1)试求:土豆的净料率是多少?

(2)如果该厨房需要净土豆 21 千克,则需要购进土豆多少千克?

解 (1)土豆的净料率: $\dfrac{16.8}{24}\times100\%=70\%$

(2)因为需要净料 21 千克,净料率为 70%

所以毛料: $\dfrac{21}{70\%}=30$(千克)

答:土豆的净料率是 70%;需要购进土豆 30 千克。

【例 1.5】 某厨房购入香菇 3 千克,涨发后得到水发香菇 10.5 千克。求:香菇的净料率。

解 香菇的净料率: $\dfrac{10.5}{3}\times100\%=350\%$

答:香菇的净料率为 350%。

【例 1.6】 上面例 1.4 中土豆的损耗率为多少?

解　土豆的损耗重量:$24-16.8=7.2$(千克)

损耗率:$\dfrac{7.2}{24}\times100\%=30\%$

或损耗率:$100\%-70\%=30\%$

答:例1.4中土豆的损耗率为30%。

【例1.7】　某厨房购进胡萝卜12千克,其进货单价为4元/千克,去皮后得到净胡萝卜9千克。求:净胡萝卜的单位成本。

解　净胡萝卜的单位成本:$\dfrac{12\times4}{9}\approx5.33$(元/千克)

答:净胡萝卜的单位成本是5.33元/千克。

王小厨实践

1.某厨房购进青瓜9千克,其进货单价为6.8元/千克,经过加工处理(除去头、籽并洗涤)后,得到净青瓜6.3千克。求:

(1)青瓜的净料率是多少?

(2)净青瓜的单位成本是多少?

(3)某菜肴需要用净青瓜150克,该菜肴中青瓜的成本是多少?

2.某厨房购进冬菇2.5千克,其进货单价为48元/千克,去掉冬菇脚等杂质0.2千克(不作价),涨发后得到水发冬菇7.2千克。求:

(1)水发冬菇的净料率是多少?

(2)水发冬菇的单位成本是多少?

(3)若某菜肴需要水发冬菇200克作配料,则该成本是多少?

1.4　一料一档的主配料的净料成本核算

王小厨点击

市场上胡萝卜是4元/千克,而我们在制作菜肴中用到的都是净料,那么如何计算制作菜肴中所需的净料的成本呢? 胡萝卜洗净处理后只有净胡萝卜一种可以用来制作菜肴的材料,而像鸡等洗净处理后可以得到净鸡、鸡胗、鸡肝、鸡肠等多种可以用的材料,那它们的成本应如何核算呢?

张大厨揭秘

主配料是构成饮食产品的主体。主配料成本是产品成本的主要组成部分,要核算产品成本,必须首先核算主配料成本。

饮食产品的主配料都是经过加工处理后的净料。因此核算主配料成本实际上就是核算主配料的净料成本。净料是组成单位产品的直接原料,其成本直接构成产品的成本,所有在计算饮食产品成本之前,应计算出各种净料的成本。由此可见,净料成本核算是餐饮成本核算的基本环节。

饮食业中净料单位成本一般以千克为单位进行计算。净料单位成本的计算方法有一料一档和一料多档两种。本节课重点介绍一料一档的净料成本核算。

一料一档即毛料经过粗加工处理后,只得到一种净料。一料一档还可区分为两种情况:一是没有可以作价利用的废料;二是有可以作价利用的下脚料。这两种情况的计算方法是不同的。

王小厨磨刀

1. 填空(填一料一档或者一料多档)

鱼翅_____　　　菠菜_____　　　带骨腿肉_____　　　鲢鱼_____

有壳冬笋_____　　　番茄_____　　　活鸭_____　　　甲鱼_____

燕窝_____　　　鲍鱼_____　　　金华火腿_____

张大厨示范

一、没有可以作价利用的废料的情况

【例 1.8】　王小厨餐厅购进胡萝卜 12 千克,其进货单价为 4 元/千克,去皮后得到净胡萝卜 9 千克。求:净胡萝卜的单位成本。(每千克净胡萝卜的成本)

解　王小厨购进的胡萝卜共花费:$S=12\times4=48$(元)

每千克净胡萝卜的成本:$y=\dfrac{48}{9}\approx5.33$(元/千克)

答:净胡萝卜的单位成本为 5.33 元/千克。

想一想:胡萝卜属于一料一档的哪种情况呢?

【例 1.9】　王小厨餐厅购进青瓜 9 千克,其进货单价为 6.8 元/千克,经过加工处理后,得到净青瓜 6.3 千克。求:

(1)净青瓜的单位成本是多少?

(2)若某菜肴需用净青瓜 150 克,该菜肴中青瓜的成本是多少?

解　(1)王小厨购买青瓜共花费:$S=9\times6.8=61.2$(元)

每千克净青瓜的成本:$y=\dfrac{61.2}{6.3}\approx9.71$(元/千克)

(2)因为 150 克=0.15 千克

所以该菜肴中青瓜的成本:$9.71\times0.15=1.46$(元)

答:净青瓜的单位成本是 9.72 元/千克。若某菜肴需用净青瓜 150 克,该菜肴中青瓜的成本是 1.46 元。

二、有可以作价利用的下脚料的情况

毛料经过加工后,除了得到一种净料外,同时还有可以作价利用的下脚料,其净料单位成本是怎样进行计算呢? 与没有可以作价利用的废料的净料单位成本核算有什么不同呢? 还需要考虑哪些因素呢? 下面就举例来说明这些问题。

【例1.10】 王小厨餐厅购进带皮腿肉 5 千克,其进货单价为 22 元/千克,加工后得到净腿肉 4.4 千克,猪皮 0.6 千克,猪皮单价为 14 元/千克。求:

(1)净腿肉的单位成本是多少?

(2)若某菜肴需用净腿肉 300 克,该菜肴的成本是多少?

解 (1)王小厨购进的带皮腿肉共花费:$S=22\times5=110$(元)

加工后得到下脚料猪皮价值:$14\times0.6=8.4$(元)

每千克的净腿肉的成本:$x=\dfrac{110-8.4}{4.4}=23.1$(元/千克)

(2)300 克$=0.3$ 千克

所需成本:$0.3\times23.1=6.93$(元)

答:净腿肉的单位成本是 23.1 元/千克。若某菜肴需用净腿肉 300 克,则该菜肴的成本是 6.93 元。

王小厨实践

1. 王小厨餐厅购进冬菇 2.5 千克,其进货价格为 48 元/千克,去掉冬菇脚等杂质 0.2 千克,涨发后得到水发冬菇 7.2 千克。求:

(1)水发冬菇的单位成本是多少?

(2)若某菜肴需用水发冬菇 200 克作配料,则该菜肴中水发冬菇的成本是多少?

2. 王小厨餐厅购进青辣椒 3.2 千克,其进货价格为 7 元/千克,加工清洗后得到青辣椒 2.4 千克。求:

(1)净青辣椒的单位成本是多少?

(2)若一盘青椒炒肉片需用净青辣椒 300 克,则该菜肴中青辣椒的成本是多少?

3. 芥蓝进货单价为 12 元/千克,芥蓝的净料率为 40%。试求:600 克净芥蓝的成本是多少?

1.5　一料多档主配料的净料成本核算

王小厨点击

所谓一料多档,就是指毛料经过粗加工处理后得到一种以上的净料。这类主配料的净料成本应该如何计算呢? 在计算过程中要考虑哪些因素呢?

张大厨揭秘

在计算一料多档中某档净料的单位成本时,必须知道其他几档净料的单位成本。如果题目中没有说明,则这几档净料的单位成本参考市价。具体的解题步骤为:

(1)计算购进原材料的花费;

(2)计算其他几档净料的市值;

(3)计算要我们求的这档料的价值;

(4)最后计算某档料的单位成本。

王小厨磨刀

王小厨厨房购进排骨 30 千克,其进货单价为 22 元/千克。经加工处理之后,得到大排肉 21 千克,排骨 9 千克,市价 18 元/千克。试求大排肉的单位成本。

(1)购进原料共花费_____元

(2)排骨的市值为_____元

(3)大排肉价值为_____－_____＝_____元

(4)大排肉的每千克的成本是_____元/千克

张大厨示范

【例 1.11】　王小厨厨房现购进一批光鸡 30 千克,其进货单价为 12 元/千克。经加工处理后得到鸡脯肉 5 千克;鸡腿 10 千克,市价为 16 元/千克;鸡杂(心、肝、肫)2.5 千克,市价为 10 元/千克;鸡架、鸡脖等下脚料 7.5 千克,市价为 5 元/千克。其余为废料,无值。试求:加工以后鸡脯肉的单位成本是多少?

解　该厨房购买光鸡共花费:$S＝30×12＝360$(元)

处理后鸡腿市值:$10×16＝160$(元)

鸡杂市值:$2.5×10＝25$(元)

鸡架、鸡脖等下脚料市值:$7.5×5＝37.5$(元)

所以鸡脯肉价值:$360－160－25－37.5＝137.5$(元)

鸡脯肉的单位成本:$\dfrac{137.5}{5}＝27.5$(元/千克)

答:加工以后鸡脯肉的单位成本是 27.5 元/千克。

【例 1.12】　王小厨厨房购进大白菜 50 千克,进货单价为 2 元/千克,按配菜需要加工处理成白菜帮和白菜叶,得白菜帮 25 千克,白菜叶 20 千克,其余为废料,无值。已知加工之后白菜叶的市价为 1.5 元/千克。求:

(1)加工后白菜帮净料的单位成本;

(2)各档净料成本。

解　(1)厨房购进白菜共花费:$S＝50×2＝100$(元)

白菜叶市值：$20×1.5＝30$(元)

白菜帮价值：$100－30＝70$(元)

所以白菜帮净料的单位成本：$\frac{70}{25}＝2.8$(元/千克)

(2)白菜叶净料成本：$20×1.5＝30$(元)

白菜帮净料成本：$100－30＝70$(元)

答：加工后白菜帮净料的单位成本是 2.8 元/千克；白菜叶净料成本是 30 元，白菜帮净料成本是 70 元。

王小厨实践

1. 王小厨厨房购进花鲢 60 千克，进货单价为 6 元/千克。经加工处理之后，得带皮鱼肉 18 千克，用于制作鱼茸菜；得鱼头 30 千克，用于制作鱼头浓汤。已知净鱼头的市价为 9 元/千克。求：

(1)带皮鱼肉的单位成本和各档净料成本。

(2)如果带皮鱼肉的净出肉率为 80%，则可以出多少鱼肉？

2. 王小厨厨房购进金华"两头乌"猪后腿 150 千克，进货单价为 18 元/千克。经加工处理后，得后蹄 18 千克，腿精肉 75 千克，肉皮 12 千克，汤骨 20 千克，碎肉、膘油 20 千克。另少量折损。现后蹄市价为 25 元/千克，腿精肉市价为 24 元/千克，肉皮市价为 10 元/千克，碎肉、膘油总价为 100 元。试求：汤骨的单位成本和各档净料成本。

1.6　方程在半制品、熟品的成本核算中的应用

王小厨点击

天气渐渐转冷，杭州的很多餐厅都推出了以酱肉、酱鲫鱼、熏鸡、酱鸭等为原料的菜肴，深受消费者欢迎。但是这些菜肴中所用的这些酱肉、熏鸡、酱鸭等主料的成本应如何核算呢？它不是净料，因为它是在净料的基础上加了调味品，然后经过一定的加工而成的；它也不是成品的菜肴，因为它制作成菜肴还要经过其他的工序。这些半成品应如何进行成本核算呢？

张大厨揭秘

半制品是指经过初步熟处理，但还没有完全加工成制成品的净料。如白切鸡、白切肉、鱼丸、油发皮等。

熟品也称为制成品或卤味品，系由熏、卤、拌、煮等方法加工而成，可以用作冷盘菜肴的制成品。

熟品和某些半制品,在热加工过程中,一方面会产生副产品,另一方面还要耗用各种调味料。因此,在计算成本的时候要加上调味品的成本,减去可以作价的副产品。

王小厨磨刀

"萍聚"餐厅购进光鸭 20 千克,用来制作酱鸭,进货单价为 24 元/千克;耗用酱油 4 千克,进货单价为 5 元/千克;耗用味精、桂皮等调味品成本 6.8 元;出酱鸭 14 千克。试求酱鸭的单位成本。

(1)购光鸭花费了_____元

(2)制作过程中酱油花费了_____元

(3)其他调味品花费了_____元

(4)制作酱鸭共花费了_____元

(5)每一千克酱鸭的成本是_____元/千克

张大厨示范

【例 1.13】 王小厨厨房购进五花肉 10 千克,其进货单价为 18 元/千克。煮熟后撇出浮油 0.5 千克,浮油成本为 10.00 元/千克;耗用调味料成本 7.40 元;出酱肉 7 千克。求:每百克酱肉的成本是多少?

解 制作 7 千克酱肉共花费:

$$S = 18 \times 10 - 0.5 \times 10 + 7.40 = 182.4(元)$$

每克酱肉的成本:$V = \dfrac{182.40}{7000} = 0.026(元/克)$

每百克酱肉的成本:$0.026 \times 100 = 2.6(元/百克)$

答:每百克酱肉的成本是 2.6 元/百克。

【例 1.14】 王小厨厨房购进光鸡 15 千克,进货单价为 10 元/千克。煮熟后撇出鸡汤 2 千克,鸡汤作价 5 元/千克;耗用葱、姜等成本 2.5 元;出白斩鸡 12 千克。求:

(1)每百克白斩鸡的成本是多少?

(2)如果一盘白斩鸡需要 400 克,每盘需酱油、味精等辅料 0.7 元,则每盘白斩鸡的成本是多少?

解 (1)制作 12 千克白斩鸡共需花费:

$$S = 15 \times 10 - 2 \times 5 + 2.5 = 142.5(元)$$

每克白斩鸡的成本:$V = \dfrac{142.5}{12000}(元/克)$

所以每百克白斩鸡的成本:$\dfrac{142.5}{12000} \times 100 = \dfrac{142.5}{120} = 1.1875(元/百克)$

(2)每盘白斩鸡需要 400 克,每一百克白斩鸡成本是 1.1875 元。

所以每盘白斩鸡的成本:$4 \times 1.1875 + 0.7 = 5.45(元)$

答：每百克白斩鸡的成本是 1.1875 元/百克；每盘白斩鸡的成本是 5.45 元。

评注：半制品或者熟品，大多数都是在生料的基础上经过初熟处理的。在初熟处理过程中，可能产生副产品。比如：五花肉加工前是生净料，煮熟后重量变轻，但撇出的浮油就是一种副产品，可以回收利用，这样一方面可以减少半制品的成本，另一方面也充分利用了原材料。如果能够想办法将这些副产品再利用到制作其他菜肴中，那么可以进一步降低整个厨房菜肴制作的成本。

王小厨实践

1. 王小厨厨房购进光鸭 20 千克，用来制作啤酒鸭，进货单价为 24 元/千克。煮熟后撇出浮油 0.5 千克，浮油市价为 8 元/千克；耗用调味品 6 元；得啤酒鸭 10 千克。求：每千克啤酒鸭的成本是多少？

2. 王小厨厨房购进青鱼 30 千克，准备用来制作酥鱼，进货单价为 10 元/千克。加工处理后得净鱼头 10 千克，市价为 8 元/千克；得鱼泡泡 1 千克，市价为 8 元/千克；鱼尾、鱼内脏等为废料，无值。制作过程中耗用油成本 15 元，耗用调味品 6 元，出酥鱼 9 千克。求：每百克酥鱼的成本是多少？

1.7　成本系数中的相对比应用

王小厨点击

王小厨好不容易根据前面所学的知识核算出了每百克酥鱼的成本，可是因为 2008 年上半年通货膨胀很厉害，菜的原料都上涨了，制作酥鱼用的青鱼从原来的 10 元/千克上涨到了现在的 14 元/千克，他只好又重新开始计算每百克酥鱼的成本。但按原来的核算方法计算太麻烦，因为所有的程序是相同的，只是原料的进价上涨了，他很想知道有没有其他更简便点的办法来处理类似的问题，所以他去请教师傅张大厨。

张大厨揭秘

由于食品的原料价格会随着市场的波动、季节的变化而不断发生变化。每月、每星期甚至每天的价格都会不一样。因此，要根据市场价格的波动，及时并准确地计算出食品的新成本，利用成本系数计算是一种比较好的方法。

成本系数是某种原料经粗加工或切割、烹烧试验后所得净料的单位成本与毛料单位成本之比。即

$$成本系数 = \frac{净料的单位成本}{毛料的单位成本}$$

成本系数的应用主要有以下两个方面。

一、每千克成本系数

当原材料的市场价格发生变化时,其净料单价亦会发生变化。利用每千克成本系数可以计算出净料每千克的新成本。计算公式为:

> 涨价后的净料单价＝毛料新进价×每千克的成本系数

王小厨磨刀

1.6 节王小厨实践的第 2 题中,当青鱼单价为 10 元/千克时,求得每百克酥鱼成本为 2.59 元/百克,则

(1)每千克酥鱼的成本是_____元/千克

(2)成本系数＝$\dfrac{(\quad\quad)}{(\quad\quad)}$＝_____

(3)青鱼单价涨到 14 元/千克,则涨价后的酥鱼单价＝(　　　)×(　　　)＝_____元/千克

张大厨示范

【例 1.15】　王小厨厨房一月份购进南瓜 15 千克,其进价为 5 元/千克。已知南瓜的净料率为 75%,废料不能利用。求:

(1)净南瓜每千克的成本系数。

(2)如果 4 月份南瓜的进价上涨到 6 元/千克,那么涨价后南瓜的净料成本是多少?

(3)如果 7 月份南瓜的进价降低为 2.5 元/千克,那么降价后南瓜的净料成本是多少?

解　(1)因为南瓜的净料率为 75%

所以得到净南瓜:$15 \times 75\% = 11.25$(千克)

净南瓜的单位成本:$\dfrac{15 \times 5}{11.25} \approx 6.67$(元/千克)

南瓜每千克的成本系数:$\dfrac{6.67}{5} \approx 1.333$

(2)涨价后南瓜的净料成本:$6 \times 1.333 = 7.998$(元/千克)

(3)降价后南瓜的净料成本:$2.5 \times 1.333 = 3.3325$(元/千克)

答:南瓜每千克的成本系数为 1.333;涨价后南瓜的净料成本是 7.998 元/千克;降价后南瓜的净料成本是 3.3325 元/千克。

二、份额成本系数

成本系数还可以用于原料价格变化时计算主料、配料的每份投料量的新的成本,此时称为份额成本系数。

【例 1.16】　王小厨餐厅购进一批排骨,制作"炸猪排",每盘需排骨 200 克作为

一份投料量。排骨进价为 24 元/千克。求：

(1)每份"炸猪排"的成本系数。

(2)如果排骨进价上涨到 26 元/千克,则排骨的份额成本是多少?

(3)如果排骨进价继续上涨到 30 元/千克,则排骨的份额成本是多少?

解 (1)200 克＝0.2 千克

一份"炸猪排"净料成本:0.2×24＝4.8(元)

每份"炸猪排"的成本系数:$\frac{4.8}{24}=0.2$

(2)涨价后排骨的份额成本:26×0.2＝5.2(元/份)

(3)继续涨价后排骨的份额成本:30×0.2＝6(元/份)

答:每份"炸猪排"的成本系数为 0.2;进价涨到 26 元/千克时排骨的份额成本为 5.2 元/份;继续涨到 30 元/千克时排骨的份额成本为 6 元/份。

王小厨实践

1. 王小厨厨房购进冬菇 2.5 千克,其进货价格为 48 元/千克,去掉冬菇脚等杂质 0.2 千克,涨发后得到水发冬菇 7.2 千克。求:水发冬菇的每千克的成本系数。

2. 王小厨厨房购进青辣椒 3.2 千克,其进货价格为 7 元/千克,加工清洗后得到青辣椒 2.4 千克。求:净青辣椒每千克的成本系数。

3. 芥蓝货单价为 12 元/千克,芥蓝净料率为 40%。试求:每千克净芥蓝的成本是多少?

1.8 调味品的成本核算与小数的运算

王小厨点击

中国菜肴素以色、香、味、形著称于世,饮食的各种美味除了来自主配料本身以外,很大一部分取决于各种调味品。调味品能去除食品原料中的异味,突出菜肴的口感,并且可以改变菜肴的外观形态,增加菜肴的色彩。但是由于调味品在菜肴的制作中用量很少,在菜肴成本中所占比重也很小,调味品的成本能不能忽略不计呢? 每天餐厅要制作上百个菜肴,大的餐厅要制作上千个菜肴,如果忽略调味品的成本,那么每天要用的油、盐、酱、醋等调味品的成本又该从哪里计算呢? 如何对他们进行计算呢?

张大厨揭秘

调味品的成本是菜肴成本的一部分,尽管在某些菜肴中,调味品的用量甚小,在菜肴的成本中所占的比重也不高,但是,从总体上看,所耗用的各种调味品的用量和成本仍是一个不小的数目,尤其是油、糖、味精、胡椒等,在耗用的原料总成本中占有相当的比例,而且在有些菜肴里,调味品用量相当多,甚至超过主料,因此调味品成本的计算不可忽视。

调味品用量的核算有两大类方法:第一类是估算方法;第二类是精确计算方法。

调味品用量的估算方法大致有三种,即容器估量法、体积估量法和规格比照法。

1. 容器估量法

容器估量法是指在已知某种容器、容量的前提下,根据调味品在容器中的容量,估计出其重量,再按其进价计算出成本。如料酒、油、酱油、醋等可以盛放在有刻度的容器中,根据用了多少毫升来估算用量。如:

1 升＝1000 毫升	1 升食用油＝0.83 公斤＝830 克
1 升料酒＝1 公斤＝1000 克	1 升酱油＝1.1 公斤＝1100 克

$$1 \text{ 汤匙油}＝15 \text{ 毫升}＝15 \times \frac{830}{1000}＝12.45 \text{ 克}$$

2. 体积估量法

体积估量法是指在已知某种调味品的一定体积和重量前提下,根据其用料体积,直接估计其重量,然后按其进价计算出成本。此方法主要适用于粉质或晶体调味品,如糖、盐、味精等。一般用得比较多的是汤匙和茶匙。

1 汤匙料酒＝15 毫升＝15 克	1 汤匙盐＝20 克
1 茶匙盐＝5 克	1 茶匙味精(或者鸡精)＝5 克

3. 规格比照法

规格比照法是指对照烹调方法和用料质量相仿(指主配料)的某些传统菜点的调味料的用量来确定新菜点调味品用量的方法。此方法比较简单,但不够准确。

如红烧大排,主料:猪大排 2 块,盐 1 茶匙(5 克),白砂糖 2 茶匙(10 克),鸡精 1 茶匙(5 克),红椒 1/2 个,老抽 1 汤匙(15 毫升),葱、姜、蒜适量,腰果 50 克。

王小厨磨刀

100 毫升油＝＿＿＿＿克	20 毫升料酒＝＿＿＿＿克
50 毫升酱油＝＿＿＿＿克	3 汤匙油＝＿＿＿＿克
2 茶匙盐＝＿＿＿＿克	1.5 茶匙鸡精＝＿＿＿＿克
2 茶匙糖＝＿＿＿＿克	2.5 汤匙醋＝＿＿＿＿克

张大厨示范

调味品的计算方法根据饮食产品的生产加工的方法,大体可分为两种类型:单件生产和成批生产。

1. 单件调味品的成本核算

单件调味品的成本是指单件制作的产品调味品成本,也称为个别成本。例如:各类单件生产的热炒菜的调味品成本。其一般计算步骤如下:

(1)首先计算出制作单件产品所用的各种调味品用量;

(2)根据其购进价格,分别计算出各自的价值(成本);

(3)把各种调味品成本逐一相加,就得到单件产品的调味品成本。

【例 1.17】 "辣子肉丁"一份,耗用各种调味品数量如下:

调味品名称	数量/克	单价/(元/千克)
生油	75	6.00
料酒	10	2.80
味精	1.5	12.00
酱油	15	2.40
糖	5	2.60
湿淀粉	40	1.00

试求:其调味品成本是多少?

解　根据公式先计算出每种调味品的成本:

生油　$0.075 \times 6.00 = 0.450$(元)

料酒　$0.010 \times 2.80 = 0.028$(元)

味精　$0.0015 \times 12.00 = 0.018$(元)

酱油　$0.015 \times 2.40 = 0.036$(元)

糖　$0.005 \times 2.60 = 0.013$(元)

湿淀粉　$0.040 \times 1.00 = 0.040$(元)

再将每种调味品的成本相加,就得到调味品成本,即 $0.450 + 0.028 + 0.018 + 0.036 + 0.013 + 0.040 = 0.585$(元)

答:辣椒肉丁的调味品成本为 0.585 元。

在实际烹制一份菜肴时,有些调味品因用量极小而很难精确计算其成本。对于这种情况,计算时可采取扩大菜肴烹制份数的办法,比如,扩大 10 倍或 20 倍,以增大调味品的用量并计算出其成本,然后再除以份数,可算得每一份菜肴中该调味品的成本。

2. 批量生产调味品的成本核算

一般计算步骤如下:

(1)首先计算出产品所需的各种调味品的总用量;

(2)按进货单价分别计算出各种调味品的成本,并计算出调味品的总成本;

(3)用产品的数量(或重量)除以调味品的总成本,从而得出单位产品的调味品成本。

【例 1.18】 某点心店制作"甘露酥皮"20 片,在制作过程中耗用白糖 55 克,猪油 50 克,泡打粉 2 克。其中白糖的单价为 2.60 元/千克,猪油的单价为 6.00 元/千克,泡打粉的单价为 9.50 元/千克。问:单个酥皮所耗的调味品成本是多少?

解 计算调味品的总成本：$2.60 \times 0.055 + 6.00 \times 0.050 + 9.50 \times 0.002 = 0.462$（元）

单位产品的调味品成本：$0.462 \div 20 \approx 0.023$（元）

答：单个酥皮所耗的调味品成本为 0.023 元。

王小厨实践

1. 请调查并计算"糖醋排骨"所需的调味品及其成本。

调味品名称	数量/克	单价/(元/千克)	每种调味品的成本/元
			总计：

2. "竹韵楼"大酒店在十一长假期间，生意异常火爆，每天可以卖出"东坡肉"1500 份，请完成下表。

调味品名称	数量/克	单价/(元/千克)	每种调味品的成本/元
生姜块	2500	10	
葱	1250	8	
酱 油	6000	5	
白 糖	5000	6	
绍 酒	12500	2.8	
			总计：

【阅读材料】

美国酒店业采购成本

经几年跟踪分析，美国酒店业用于客房用品的采购额大大高于餐厅用品的采购额，这大概与中国的情况有所不同。

采购一直是酒店经营中成本控制的一个核心部分，大量供应商及社会小贩在酒店采购中扮演着重要的角色。随着电子商务概念的日渐普及，越来越多的美国酒店使用互联网来进行日常采购活动。现在，不仅是大大小小的各类供应商纷纷设立了自己的网站，开通了网上直接交易吸引酒店采购生意，而且近来有些全新的网站将这些酒店供应商作为自己的顾客，向他们提供一站即全的全方位电子商务供应服务。

为什么酒店采购会成为电子商务的热点呢？那就要看看这个市场有多大。美国酒店协会最近就此做了一项调查，涉及 786 家酒店，其中 463 家酒店是提供全面服务的酒店，323 家是提供有限服务的酒店（无餐厅）。1999 年，全面服务的酒店平均有 322 间客房及 126.17 美元的平均房价，有限服务酒店平均有 105 间客房及 60.34 美元的平均房价。

调查统计了每家酒店该年度用于日常运营、维修、维护的采购项目的总费用。这些费用一般包括可以直接从货价上取下、包装后托运到酒店的物品,比如酒店客房用品、化学药品、制服、餐饮用料以及非固定资产类的大宗采购。

1999年,这些酒店的平均采购总费用分摊到客房的费用为每间客房5287美元,约等于其营业总收入的11.7%。其中,全面服务的酒店平均为每间客房6300美元,约等于其营业额的12.1%。这个数据中花费最大的是餐饮用料采购费用。1999年,全面服务的酒店平均餐饮用料采购费用分摊到每间客房是3833美元。有限服务的酒店用于餐饮方面(一般为免费早餐或者饮料)的采购费用很低,平均每间客房为852美元,而用于维护维修的采购费用为平均每间客房512美元,在总采购费用中占最大比例。

在整个20世纪90年代,酒店业虽然经营成本有较大提高,但是,大多数酒店的经营利润都有两位数的增长。1999年,与通货膨胀率及其他行业比较,酒店业的劳动力成本上升的幅度更大。现在,对任何种类的酒店来说,劳动力成本都已经是最大的支出。值得注意的是,从1994年到1999年,酒店采购费用的增长率已经超过了国内通货膨胀率。

从1994年到1999年,美国酒店业采购费用平均每年增长3.6%。在此期间,酒店的营业额平均每年增长6.8%,通货膨胀率增长2.3%。全面服务的酒店采购成本在逐年增长,而有限服务的酒店则有上下浮动。1996年和1999年,有限服务的酒店的采购费用都比上年有所下降。其中的原因是,在这几年,有限服务类酒店的营业收入增长较为缓慢。

再从不同部门的角度分析。从1994年到1999年,美国酒店业部门采购费用增长最大的是客房部。用于采购洗衣、布草、客房用品的采购、费用年增长率为5.6%。这是整体采购费用增长率的1～1.5倍。与此同时,整个酒店平均住房率却有轻微下降,约为-0.3。因此,采购费用上升的主要原因是物品价格的上涨、用品质量和档次的提升。

1994年到1999年,餐饮部使用的瓷器、玻璃制品、银器、布草的采购费用平均每年增长2.7%。餐饮部的这些用品的平均使用寿命大大长过客房部的用品。部门之间采购费用的差异也可以反映酒店管理层的成本控制重点。全面服务的酒店虽然越来越重视酒店餐饮部的经营,但是酒店高层仍然将盈利的重点放在客房部。为了提高客房用品档次而花费的金钱带来的回报要远比花费在餐厅的投资大得多。

当酒店的营业额增长缓慢时,酒店当然会将盈利的焦点集中在成本控制上。对于那些想争取酒店采购生意的小贩和供应商来说,今后几年,自己出售的物品的质量与服务仍然十分重要,但是要想真正做成生意,降低成本才能在竞争中取得领先地位,受到酒店的青睐。

第二章　代数式的基本运算与饮食产品的成本核算

2.1　单个菜肴的成本核算

王小厨点击

王小厨通过第一章的学习,已经能很熟练地计算一份菜肴的各种用料的净料成本了,但是还没有学会计算单个菜肴或者是批量生产的点心类的饮食产品的价格。如何计算饮食产品的成本和饮食产品的价格呢? 在核算饮食产品的成本的时候应该考虑哪些因素呢? 饮食产品成本核算的任务是什么呢? 有什么作用呢? 这些都是他迫切想知道的问题。

张大厨揭秘

饮食产品成本核算是餐饮业务核算的主要环节,精确地计算饮食产品的成本,可以促进企业加强成本管理,降低成本。饮食产品成本核算的任务是:

(1)精确地计算出各个单位产品的成本,为合理地制定产品的销售价格打好基础。

(2)揭示单位成本升降的原因,指出降低成本的方向,努力设法降低成本。

(3)促使餐饮部门加强成本管理,贯彻经营责任制,严格规章制度。

饮食产品的成本是它所耗用的各种原材料的成本之和。因此,若求某一菜点的成本,只要将其耗用的各种原料的成本逐一相加即可得到。

单件生产的菜肴成本核算:

单位产品成本＝单位产品所用主料成本＋单位产品所用配料成本＋单位产品所用调味品成本

王小厨磨刀

"钱江肉丝"一份,需要用里脊肉 200 克,单价为 28 元/千克;葱 100 克,单价为 8 元/千克;盐、味精等调味品成本 1 元。求:这份钱江肉丝的成本是多少?

肉丝成本＝_____元　　　　　　　葱的成本＝_____元

调味品成本＝_____元　　　　　　总成本＝_____元

张大厨示范

【例2.1】 "松子鱼"一份,用料如下:净青鱼肉 350 克,净蛋 70 克,生粉 75 克,糖醋 275 克,白糖 25 克,味精 5 克,三色蛋丝 30 克,生油 150 克,精盐 2.5 克。试求:该份菜肴的成本是多少?

解 (1)列出松子鱼的原料配方、数量和单位成本:

原料名称	用量/克	单位成本/(元/千克)	金额/元
净青鱼肉	350	10.80	3.78
净蛋	70	6.80	0.476
生粉	75	8.00	0.60
糖醋	275	6.00	1.650
白糖	25	6.00	0.15
味精	5	12.00	0.060
三色蛋丝	30	7.50	0.225
生油	150	12.00	1.800
精盐	2.5	2.40	0.006

(2)计算出松子鱼的成本:

$3.78+0.476+0.60+1.650+0.15+0.225+1.80+0.006=8.747\approx8.75$(元)

答:一份松子鱼的成本为 8.75 元。

【例2.2】 王小厨厨房制作"菜心牛肉"一盘,其用料及单价如下:牛肉 100 克,单价为 24 元/千克;净菜心 200 克,菜心进价为 3.6 元/千克,净料率为 35%;调味品成本是 1.2 元。求:这盘菜心牛肉的成本是多少?

解 200 克净菜心需要菜心原材料:$\dfrac{200}{0.35}=572$(克)$=0.572$(千克)

(1)列出菜心牛肉的原料配方、数量和单位成本:

原料名称	用量/千克	单位成本/(元/千克)	金额/元
牛肉	0.1	24	2.4
菜心	0.572	3.6	2.059
调味品			1.2

(2)计算出菜心牛肉的成本:

$2.4+2.059+1.2=5.659$(元)

答:这盘菜心牛肉的成本是 5.659 元。

王小厨实践

1. 王小厨厨房要制作一份"干贝扒火鸡",需要用到如下原料:火鸡脯肉 250 克,单价为 18.00 元/千克;干贝 50 克,单价为 58.50 元/千克;火腿 25 克,单价为 41.00 元/千克;葱 15 克,单价为 2.00 元/千克;姜 10 克,单价为 2.40 元/千克;水淀粉 25 克,单价为 1.60 元/千克;熟油 25 克,单价为 6.00 元/千克;味精 3 克,单价为 12.00 元/千克;白糖 5 克,单价为 2.80 元/千克;料酒 5 克,单价为 2.40 元/千克;精盐 5 克,单价为0.90元/千克。问:这份"干贝扒火鸡"的成本是多少?

2. 王小厨厨房制作"菜心圆子",需要用如下原料:猪夹心肉 5 千克,单价为 22 元/千克;清汤 10 千克,单价为 25 元/千克;另外,精盐、熟鸡油、绍酒等耗用 5.5 元。出品 30 份。问:这批菜心圆子的总成本和每份菜肴的成本各是多少?

2.2 批量生产的食品成本核算

王小厨点击

饮食产品成本核算是餐饮业务核算的主要环节,精确地计算饮食产品的成本,可以促使企业加强成本管理,降低成本。成本核算是正确制定产品销售价格的基础。单个菜肴的成本核算还比较简单,但是像点心之类的批量生产的食品的成本应如何核算呢?

张大厨揭秘

饮食产品的成本是指它所耗用的各种原材料的成本之和。由于饮食产品的加工制作大致可分为成批生产和单件生产两种类型,因此产品成本核算的方法也有相应的两种。下面结合实例具体介绍批量生产的食品成本核算。

我国的点心是特有的美食,与菜肴一样具有悠久的历史。点心食品是批量生产制作的典型的代表。由于在批量制作点心的过程中,其各个单位产品的用料和规格质量一样,所以,其单位产品的成本相等。求其单位产品的成本时,一般先求出每一批产品的总成本,然后再根据该批产品的数量,求出其每一单位产品的平均成本。

王小厨磨刀

知味观制作一批莲茸甘露酥,实际耗用原材料以及单位成本如表 2-1 所示。

(1)将各原料的成本填入表格中。

表 2-1

原材料名称	实际投料量/千克	单位成本/(元/千克)	金额/元
精面粉	10	4	
白 糖	5.5	6	
猪 油	5	10	
净 蛋	2	6.8	
莲 茸	13.5	12	
合计:			

（2）如果制作出 800 件莲茸甘露酥，则每件甘露酥的成本为_____元。

张大厨示范

【例 2.3】 王小厨餐厅的点心部门制作牛油方戟，每件重 40 克，耗用原材料及其价格如表 2-2 所示。

表 2-2

原料名称	用量/克	单价/(元/千克)
精 面	1200	2.8
白 糖	1000	2.5
牛 油	1000	15.5
鸡 蛋	1200	7

问：牛油方戟的总成本是多少？ 每件成本是多少？

解 （1）列出每种原料的成本：

精面成本：1200 克＝1.2 千克

$1.2 \times 2.8 = 3.36$（元）

白糖成本：1000 克＝1 千克

$1 \times 2.5 = 2.5$（元）

牛油成本：1000 克＝1 千克

$1 \times 15.5 = 15.5$（元）

鸡蛋成本：1200 克＝1.2 千克

$1.2 \times 7 = 8.4$（元）

（2）制作这批牛油方戟的总成本（各项用料成本之和）：

$S = 3.36 + 2.5 + 15.5 + 8.4 = 29.76$（元）

（3）计算出用料总重量：

因为做点心时用的是净蛋，而鸡蛋的净料率为 88%

所以净蛋重量：$1200 \times 88\% = 1056$（克）

用料总重量：$1200 + 1000 + 1000 + 1056 = 4256$（克）

（4）计算出牛油方戟的份数：

$\frac{4256}{40} = 106.4$（取整数）$= 106$（件）

(5)计算每件牛油方戟的成本：

$$\frac{29.76}{106}=0.2807(元/件)$$

答：牛油方戟的总成本是 29.76 元；每件成本是 0.2807 元。

评注：从上个例子的计算过程中可以得到批量生产的食品成本核算的步骤为：

(1)列出点心的原料配方，即各种原料的名称及数量(所用原料均为净料)；

(2)计算出制作点心的原料总重量；

(3)计算出各种原料的成本以及所用各种原料的总成本；

(4)按点心制作标准，计算出该批点心的数量(份数)；

(5)求出每份点心的成本。

![王小厨实践]

1. 王小厨餐厅点心部制作"豆沙馅"，用去红豆 1 千克，其单价为 3.8 元/千克；白糖 1.5 千克，其单价为 2.6 元/千克；猪油 0.2 千克，其单价为 6 元/千克。经热加工后得到豆沙馅 2.5 千克，若用此馅料制作豆沙包，每个豆沙包馅重 20 克。试求：豆沙馅的总成本以及每个豆沙包馅的成本各是多少？

2. 王小厨餐厅点心部要制作一批"甘露酥皮"，需要用原料如下：精面 1000 克，单价为 3.5 元/千克；白糖 550 克，单价为 2.5 元/千克；猪油 500 克，单价为 12 元/千克；净蛋 200 克，单价为 7.5/千克；泡打粉 20 克，单价为 3 元/千克。若将甘露酥皮用来制作莲茸甘露酥，每件甘露酥皮重 30 克。试求：甘露酥皮的总成本和每件莲茸甘露酥的甘露酥皮的成本各是多少？

3. 王小厨厨房间制作一批"鲜肉小笼"，需要用的原料如下：净鲜肉 2.5 千克，单价为 22.5 元/千克；精面 30 千克，单价为 3.5 元/千克；葱、姜以及调味料等 5.25 元。制作出小笼 300 个。问：每个小笼的成本是多少？

2.3 耗用原材料的成本核算

![王小厨点击]

饮食产品的原材料的成本应该占多少比例才算合理呢？餐厅怎么样对各个营业周期的耗费进行考核呢？如何才能保证餐厅的服务质量呢？这些问题都是一个餐厅主管必须要考虑和解决的问题。

![张大厨揭秘]

餐厅一般利用率指标对各个营业周期的耗费进行考核。由于直接成本支出与业务量和客人的消费水平等有很大关系，所以通常是用考核分析毛利率的办法达

到考核分析成本的目的。为了保证餐厅的服务质量,毛利率不能过高,通过对毛利率的考核实际上对成本进行了考核。

成本率是指一定时期直接成本额占营业收入的百分比,即成本率$=\dfrac{\text{食品成本}}{\text{营业收入}}\times$ 100%。有的餐厅一年算一次成本率,有的是一个季度核算一次成本率,也有的是一个月甚至是每周或者每天核算一次成本率。

王小厨磨刀

"竹韵楼"大酒店 2008 年 1 月份的营业收入是 25 万元,食品成本是 8 万元,那么 1 月份的成本率是_____。

如果 2008 年上半年的营业收入是 150 万元,食品成本是 45 万元,那么 2008 年上半年的成本率是_____。

张大厨示范

【例 2.4】 已知王小厨餐厅 2001 年的营业收入是 700 万元,食品成本是 245 万元。2002 年的预算营业额是 910 万元,预算食品成本为 300 万元。求:

(1)2001 年的成本率和 2002 年的成本率各是多少?

(2)2002 年的成本率比 2001 年的成本率低了多少?餐厅将由此可以节约多少钱?

(3)假设实际经营中 2002 年 1—5 月份的实际营业收入为 415 万元,耗用成本 130 万元,那么 6—12 月份的成本率控制在多少时就可以取得预期的效果?

解 (1)2001 年的成本率:$\dfrac{245}{700}\times100\%=35\%$

2002 年预算成本率:$\dfrac{300}{910}\times100\%\approx33\%$

(2)2002 年的成本率比 2001 年的成本率低了 $35\%-33\%=2\%$

餐厅由此可以节约:$2\%\times910=0.02\times910=18.2$(万元)

(3)1—5 月份的成本率:$\dfrac{130}{415}\times100\%\approx31\%$

6—12 月份的成本率:$\dfrac{300-130}{910-415}\times100\%\approx34\%$

所以 6—12 月份的成本率只要控制在 34% 时就可以取得预期的效果。

答:2001 年的成本率是 35%,2002 年的成本率是 33%。2002 年的成本率比 2001 年的本成率低了 2%,餐厅由此可以节约 18.2 万元。6—12 月份的成本率控制在 34% 时就可以取得预期的效果。

评注:根据饭店和餐厅的规模大小,有些小型的饭店和餐厅会每月或者每季度核算耗用原材料的成本;有很多大型饭店和餐厅因为每天的进出材料数量比较大,为了随时掌握食品成本控制情况,除了每月进行定期的核算耗用原材料成本外,还采取每天核算耗用原材料成本的办法。

【例 2.5】　王小厨餐厅在 2008 年 3 月份的逐日食品成本核算如表 2-3 所示。求：

表 2-3　　　　　　　　　　　　　　　　　　　单位:元

日期	直接购入	仓库领用	内部调拨		余料出售	食品成本		营业收入	
			调入	调出		当日	累计	当日	累计
1	980.40	459	210.40	120.30	68.50	1461.0	1461.0	3000.0	3000.0
2	775.70	413.30	60.50	85.50		1164.0	2625	2950	5950
3	851.60	416.0	76.80		42.60	1302.0	3927	3450	9400
4	1010.4	473		45.30	20.10	1418	5345	3300	12700
5	892.80	510.10	120	50.90		1472	6817	3610	16310
6	1604.4	780.50	80.20	60.10		2405	9222	4800	21110
7	590	300		120	19	751	9973	3200	24310
8	…	…	…	…	…	…	…	…	…
…	…	…	…	…	…	…	…	…	…
30	1120.5	579.5	95	125		1670	45675	3800	105000
31	1026.9	571.1		68		1530	47205	3950	108950

(1)王小厨餐厅 3 月 5 日的食品成本、食品成本率以及累计成本率各是多少？

(2)3 月份的食品成本、食品成本率各是多少？

解　(1)3 月 5 日的食品成本:$892.8+510.1+120-50.9=1472$(元)

因为 3 月 5 日的营业收入为 3610(元)

所以 3 月 5 日的食品成本率:$\dfrac{1472}{3610}\times100\%\approx40.8\%$

又因为 1—5 日的累计食品成本为 6817(元)

1—5 日的累计营业收入为 16310(元)

所以 1—5 日的累计成本率:$\dfrac{6817}{16310}\times100\%\approx41.8\%$

(2)3 月份的累计食品成本为 47205(元)

3 月份的累计营业收入为 108950(元)

所以 3 月份的实际食品成本率:$\dfrac{47205}{108950}\times100\%\approx43.3\%$

答:王小厨餐厅 3 月 5 日的食品成本是 1472 元,食品成本率是 40.8%,累计成本率是 41.8%;3 月份的食品成本是 47205 元,食品成本率是 43.3%。

王小厨实践

1. 王小厨餐厅 2005 年、2006 年、2007 年(预算)的成本分析如表 2-4 所示。

表 2-4　　　　　　　　　　　　　　　　　　　　　　单位:万元

指标	2005 年	2006 年	2007 年(预算)
营业收入	300	350	400
食品成本	100	90	80

(1)请分别计算出 2005 年、2006 年、2007 年的食品成本率;并请大家分析这家餐厅的经营状况怎样?

(2)若 2007 年上半年的营业收入为 250 万元,耗用成本 65 万元,试分析上半年的经营状况和下半年的经营策略。

2.4　销售毛利率和成本毛利率的基本计算

王小厨点击

饮食产品怎样定价呢? 是根据老板的喜好随便定价呢? 还是根据饮食产品的食品成本率进行定价呢? 除了食品的成本率外,还有什么影响饮食产品的价格呢? 根据这些因素又该如何制定饮食产品的销售价格呢?

张大厨揭秘

饮食产品的销售价格由产品成本和毛利两部分构成,毛利的大小会影响销售价格的变化。毛利与销售价格之间存在一定的比例关系,同样毛利与产品成本之间也存在一定的比例关系,这种比例关系就是我们通常讲的毛利率。毛利率可分为两种:一种是销售毛利率,它是毛利与产品销售价格之比;另一种是成本毛利率,它是毛利与产品之比。为了计算方便,我们通常用 P 来表示饮食产品的销售价格,用 M 表示毛利,用 C 表示产品的成本,用 R_P 表示销售毛利率,用 R_C 表示成本毛利率。所以它们之间的关系用数学式子表示即为:

$$R_P = \frac{M}{P} \times 100\%$$

$$R_C = \frac{M}{C} \times 100\%$$

王小厨磨刀

一盘卤鸭的销售价格为 20 元,耗用原材料的成本为 8 元,则

$P=$ _____　　　$C=$ _____　　　$M=$ _____

$R_P=$ _____　　　$R_C=$ _____

张大厨示范

【例 2.6】　王小厨餐厅一份"雪菜里脊"的销售价格为 12.5 元,耗用原材料成

本为7.5元。试求:其销售毛利率和成本毛利率各是多少?

解　$P=12.5$ 元,$C=7.5$ 元

$M=P-C=12.5-7.5=5$(元)

$$R_P=\frac{M}{P}=\frac{5}{12.5}\times100\%=40\%$$

$$R_C=\frac{M}{C}=\frac{5}{7.5}\times100\%\approx66.7\%$$

答:该菜肴的销售毛利率为 40%,成本毛利率为 66.7%。

【例 2.7】　"萍聚"餐厅一份"钱江肉丝"的销售价格是 18 元,每份钱江肉丝需要用:猪里脊肉 300 克,其进货单价为 20 元/千克;葱 100 克,其进货单价为 8 元/千克;另外所用绍酒、油等调料 1.2 元。请问:该菜肴的销售毛利率是多少? 成本毛利率是多少?

解　先计算耗用原料的成本 C。

猪里脊成本:$0.3\times20=6$(元)

葱成本:$0.1\times8=0.8$(元)

调味品成本为 1.2 元

$C=6+0.8+1.2=8$(元)

$M=P-C=18-8=10$(元)

$$R_P=\frac{M}{P}=\frac{10}{18}\times100\%\approx56\%$$

$$R_C=\frac{M}{C}=\frac{10}{8}\times100\%=125\%$$

答:该菜肴的销售毛利率为 56%;成本毛利率为 125%。

🥄 **王小厨实践**

1. 王小厨餐馆一份"红豆蛤士蟆"的销售价格为 98 元,耗用原料成本为 25 元。求:其销售毛利率和成本毛利率各是多少?

2. "山里人家"餐厅一盘"菜心牛肉"的销售价格是 24 元,制作菜心牛肉的用料如下:牛肉 1000 克,单价为 24 元/千克;净菜心 200 克,菜心进价为 3.6 元/千克;菜心的净料率为 35%;调味品成本是 1.2 元。求:其销售毛利率和成本毛利率各是多少?

2.5　毛利率之间的换算

🥄 **王小厨点击**

前面讲解了销售毛利率和成本毛利率的具体求解。那么销售毛利率与成本毛利率之间有什么关系呢? 已知销售毛利率或者成本毛利率如何计算销售价格呢?

根据这些计算结果如何进行成本差异分析呢?

张大厨揭秘

　　餐饮业的毛利率是国家物价主管部门根据市场供求情况以及企业产品的特点规定的毛利率与销售价格之间的比值,毛利率的确定直接决定着产品的价格,决定着企业的盈亏,关系着消费者的利益。餐饮业在整个成本核算和管理过程中,除了毛利率这个主要指标外,还有许多类似的比率来表示经营情况的各个方面。如费用率(营业费用与营业收入的比值)、税率(营业税与营业收入的比值)和经营利润率(经营利润与营业收入的比值)。成本率和销售毛利率之和为 100%。销售毛利率和成本毛利率之间也可以互相转换,即已知销售毛利率就可以根据一定的转换求出成本毛利率,反之亦然。具体换算如下:

　　因为 $R_P = \dfrac{M}{P} \times 100\%$

　　所以 $M = P \times R_P$

　　所以 $C = P - M = P - P \times R_P$

　　又因为 $R_C = \dfrac{M}{C} \times 100\% = \dfrac{P \times R_P}{P - P \times R_P} \times 100\% = \dfrac{R_P}{1 - R_P} \times 100\%$

　　所以,如果已知销售毛利率 R_P,求成本毛制率 R_C,则可以用公式:

$$\boxed{R_C = \dfrac{R_P}{1 - R_P} \times 100\%}$$

　　如果已知成本毛利率,如何求销售毛利率和销售价格呢?

　　因为 $R_C = \dfrac{M}{C} \times 100\%$

　　所以 $M = R_C \times C$

　　所以 $P = C + M = C + R_C \times C$

　　所以 $R_P = \dfrac{M}{P} \times 100\% = \dfrac{R_C \times C}{C + R_C \times C} \times 100\% = \dfrac{R_C}{1 + R_C} \times 100\%$

　　所以已知成本毛利率 R_C,求销售毛利率 R_P,则可以用公式:

$$\boxed{R_P = \dfrac{R_C}{1 + R_C} \times 100\%}$$

王小厨磨刀

　　已知"竹韵楼"餐厅的招牌菜"老鸭煲"的销售毛利率为 60%,则该菜肴的成本毛利率为_____。

　　已知"萍聚"餐厅的特色菜"萍聚小炒"的成本毛利率为 120%,则该菜肴的销售毛利率为_____。

![张大厨示范]

【例 2.8】 王小厨餐厅一份"铁板牛排"的销售价格为 30 元,耗用原材料成本为 16.5 元。求:它的成本率和销售毛利率各是多少?

解 成本率:$\dfrac{C}{P}=\dfrac{16.5}{30}\times100\%=55\%$

$M=P-C=30-16.5=13.5(\text{元})$

$R_P=\dfrac{M}{P}\times100\%=\dfrac{13.5}{30}\times100\%=45\%$

答:它的成本率为 55%;销售毛利率为 45%。

【例 2.9】 王小厨餐厅一份"香干肉丝"的销售毛利率为 55%。求:

(1)它的成本毛利率是多少?

(2)如果它的成本是 2.5 元,那么它的销售价格是多少?

解 成本毛利率 $R_C=\dfrac{R_P}{1-R_P}\times100\%=\dfrac{55\%}{1-55\%}\times100\%\approx122.22\%$

(2)因为 $C=2.5$ 元,$R_C=122.22\%$

又因为 $R_C=\dfrac{M}{C}$

所以 $M=R_C\times C=122.22\%\times2.5\approx3.055(\text{元})$

$P=M+C=3.055+2.5=5.555(\text{元})$

答:它的成本毛利率是 122.22%;如果它的成本是 2.5 元,那么它的销售价格是 5.555 元。

![王小厨实践]

1. 王小厨餐厅一盘"糖醋排骨"的耗料成本是 5.20 元,成本毛利率为 90%。问:

(1)该菜肴的销售毛利率是多少?

(2)试用两种方法求它的销售价格。

2. 王小厨餐厅一盘"铁板鲈鱼"的销售价格是 22.0 元,成本毛利率为 80%。问:这盘菜的成本是多少?

3. 已知王小厨餐厅有 5 种菜肴的单位成本、销售价格以及销售份数。试求:这 5 种菜所获得的毛利分别是多少? 食品成本率是多少? 毛利率是多少? 填入表格:

菜名	单位成本/元	售价/元	销售量/份	食品成本/元	销售收入/元	成本率/%	毛利率/%
雪菜里脊	6.60	15.00	75				
尖椒牛柳	7.50	16.00	40				
炒三鲜	4.80	12.00	65				
红烧鱼头	8.25	18.00	92				
冬笋肉片	5.50	12.00	68				

2.6 饮食产品销售价格的构成及其运算

王小厨点击

同样一盘"尖椒牛柳"在"锅庄"的销售价格是 18 元,而在"小元楼"的销售价格是 25 元。同样都在转塘街上,用的原料也是相同的,原料成本也应该差不多,销售价格为什么相差这么大呢? 饮食产品的销售价格是怎么构成的呢? 如何合理地确定饮食产品的销售价格呢?

张大厨揭秘

饮食产品的销售价格是人们非常关心的问题。饮食产品花色品种繁多,规格不一,选料不同,而且由于各个饭店餐厅的设备条件、烹调技术、销售服务质量各不相同,因此使得饮食产品的计价工作显得相当复杂。饮食产品的销售价格是由产品成本、营业费用、营业税以及利润四部分构成的。即

> 饮食产品销售价格＝产品成本＋营业费用＋营业税＋利润

产品成本:是指该产品所耗用的原材料成本,即主料成本、辅料成本以及调味品成本。

营业费用:包括经营中的各项开支,如水电费、燃料费、运输费、折旧费、修缮费、家具用具摊销费、办公费、职工工资奖金等费用。

营业税:在营业过程中根据营业收入按国家税法规定的要缴纳的税费(当前税法规定:餐饮业营业税按营业收入的 5％ 缴纳)。

$$营业税＝营业收入×5\%$$

利润:是指营业收入扣除产品成本、营业费用和营业税以后的余额。

由于饮食业的经营特点,使得加工制作产品的费用很难按每一种产品来计算。为了解决营业费用难于直接计算的问题,可把营业费用与营业税及利润合并,称为"毛利"。即

> 饮食产品销售价格＝产品成本＋毛利

为了方便计算,一般我们用大写字母来表示以上三个量:

P——饮食产品销售价格;

C——产品成本;

M——毛利。

【王小厨磨刀】

"锅庄"的"尖椒牛柳"的销售价格为 18 元，成本为 9 元；"小元楼"的尖椒牛柳的销售价格为 25 元，成本为 9 元。

则"锅庄"的尖椒牛柳中，$P=$_____，$C=$_____，$M=$_____。

"锅庄"的尖椒牛柳中的 M 包含_____，_____，_____。

"小元楼"的尖椒牛柳中，$P=$_____，$C=$_____，$M=$_____。

"小元楼"的尖椒牛柳中的 M 包含_____，_____，_____。

"小元楼"的尖椒牛柳比"锅庄"的尖椒牛柳贵，原因是_____。

【张大厨示范】

【例 2.10】 "竹韵楼"大酒店的"笋干老鸭煲"的销售价格为 78 元，一只老鸭市价为 25 元，笋干、火蹄片以及调味料共耗 6.8 元。请问：每份笋干老鸭煲的毛利是多少？毛利率是多少？成本率是多少？一份笋干老鸭煲的毛利中包括哪些费用？

解 因为 $P=M+C$

所以 $M=P-C=78-25-6.8=46.2$（元）

因为 $R_P=\dfrac{M}{P}\times 100\%=\dfrac{46.2}{78}\times 100\%=59.23\%$

$R_C=\dfrac{M}{C}\times 100\%=\dfrac{46.2}{25+6.8}\times 100\%=145.28\%$

一份笋干老鸭煲的毛利中包括营业费用、营业税和利润。

答：每份笋干老鸭煲的毛利是 46.2 元；毛利率是 59.23%；成本率是 145.28%；一份笋干老鸭煲的毛利中包括营业费用、营业税和利润。

【例 2.11】 "竹韵楼"大酒店的一份"尖椒牛柳"的销售价格是它的成本的 2.5 倍，那么该菜肴的销售毛利率和成本毛利率各是多少？

解 设成本为 C，则 $P=2.5C$

因为 $P=M+C$

所以 $M=P-C=2.5C-C=1.5C$

所以 $R_P=\dfrac{M}{P}\times 100\%=\dfrac{1.5C}{2.5C}\times 100\%=60\%$

$R_C=\dfrac{M}{C}\times 100\%=\dfrac{1.5C}{C}\times 100\%=150\%$

答：该菜肴的销售毛利率为 60%；成本毛利率为 150%。

【王小厨实践】

1. 王小厨餐厅第三季度的营业收入如表 2-5 所示，求出表中每个月的营业税和该季度的营业税并填入表格。

表 2-5　　　　　　　　　　　　　　　　　　　　　单位：元

	7 月份	8 月份	9 月份	总计
营业额	355000	345850	424000	
营业税				

2. 王小厨餐厅一份"尖椒牛柳"的销售价格为 24 元,耗用原材料成本为 10.8元。试求:该菜肴的销售毛利率、成本毛利率以及它的成本率各是多少?

2.7　饮食产品销售价格的计算——销售毛利率法(1)

王小厨点击

王小厨餐厅新开张,遇到了一个难题:给各个菜标价。怎样给餐厅的菜定一个合适的价格呢? 在定每个菜肴的销售价格之前,应该先知道哪些量呢?

张大厨揭秘

饮食产品的销售价格的计算通常有两种方法:一种是销售毛利率法;另一种是成本毛利率法。先介绍销售毛利率法制定饮食产品销售价格。

销售毛利率法就是根据饮食产品成本和销售毛利率来计算食品销售价格的一种定价方法。即:已知 C 和 R_P,如何求 P?

因为 $P = C + M$

又因为 $R_P = \dfrac{M}{P}$

所以 $M = P \cdot R_P$

所以 $P = C + P \cdot R_P$

得 $(1 - R_P)P = C$

$P = \dfrac{C}{1 - R_P}$

所以,如果能够得到菜肴的产品成本 C 和销售毛利率 R_P,那么饮食产品的销售价格 P 为

$$P = \dfrac{C}{1 - R_P}$$

王小厨磨刀

王小厨餐厅一份"家常豆腐"的成本是 3.5 元,销售毛利率为 60%,则它的销售价格是多少?

因为 $C=$＿＿＿＿＿＿＿ , $R_P=$＿＿＿＿＿＿＿

所以 $P=\dfrac{C}{1-R_P}=$＿＿＿＿＿＿＿

张大厨示范

【**例 2.12**】 王小厨餐厅一份"雪梨里脊丝"需要的原料如下:猪里脊 200 克,单价为 20 元/千克;雪梨 150 克,单价为 8 元/千克;熟猪油 75 克,单价为 10 元/千克;鸡蛋一个,价格为 0.4 元;淀粉、味精、盐等调料成本为 0.5 元。若销售毛利率为 60%,问:这份雪梨里脊丝的销售价格应定为多少?

解 这份"雪梨里脊丝"的产品成本为:

猪里脊成本:$0.2 \times 20 = 4$(元)

雪梨成本:$0.15 \times 8 = 1.2$(元)

熟猪油成本:$0.075 \times 10 = 0.75$(元)

鸡蛋成本:0.4 元

调味品成本:0.5 元

所以 $C = 4 + 1.2 + 0.75 + 0.4 + 0.5 = 6.85$(元)

$$P = \frac{C}{1-R_P} = \frac{6.85}{1-60\%} = 17.125(元)$$

一般菜肴的定价不会有零头的,所以基本上是取整,这盘"雪梨里脊丝"的销售价格应定位 17 元比价合适。

答:这份雪梨里脊丝的销售价格应定为 17 元。

【**例 2.13**】 王小厨餐厅一份"滑蛋牛肉"需要原料如下:腌渍牛肉 200 克,单价为 22 元/千克;净鸡蛋 300 克,鸡蛋进货单价为 7 元/千克,净料率为 88%;熟猪油 75 克,单价为 10 元/千克;盐、味精、葱等调料成本为 0.5 元。若销售毛利率为 50%,问:这份"滑蛋牛肉"的销售价格应定为多少?

解 (1)先求出净蛋的单位成本:

$$净蛋的单位成本 = \frac{毛料单价}{净料率} = \frac{7}{88\%} = \frac{7}{0.88} \approx 7.955(元/千克)$$

(2)这份"滑蛋牛肉"的产品成本为:

牛肉成本:$0.2 \times 22 = 4.4$(元)

净鸡蛋成本:$0.3 \times 7.955 \approx 2.4$(元)

猪油成本:$0.075 \times 10 = 0.75$(元)

调料成本:0.5(元)

所以 $C = 4.4 + 2.4 + 0.75 + 0.5 = 8.05$(元)

$$P = \frac{C}{1-R_P} = \frac{8.05}{1-50\%} = 16.10(元)$$

答:这份"滑蛋牛肉"的销售价格应定为 16.10 元或者直接就定价为 16 元。

王小厨实践

1. 王小厨餐厅制作"干菜焖肉"一份,需要原料如下:带皮猪肋肉 400 克,单价为 18 元/千克;芥菜干 60 克,单价为 5 元/千克;白糖 40 克,单价为 7 元/千克;八角、桂皮、绍酒、酱油等调料成本 1.8 元。若销售毛利率为 45%,试求:这份干菜焖肉的销售价格是多少?

2. 已知"铁板鲈鱼"的主料成本为 16.53 元,辅料成本为 3.41 元,调味品成本为 1.68 元,试分别按不同的销售毛利率计算其销售价格(把计算结果填入下表,并说明毛利率对价格的影响)。

原材料成本 $C=$ _____					
销售毛利率/%	40	45	50	55	60
销售价格/元					

3. 王小厨餐厅点心部门制作"莲茸甘露酥",用料及其单位成本如下:低筋面粉 500 克,单价为 2.8 元/千克;白糖 275 克,单价为 7 元/千克;猪油 250 克,单价为 10 元/千克;净蛋 100 克,单价为 6.8 元/千克;莲茸 650 克,单价为 11 元/千克;发粉等成本 0.5 元。若甘露酥皮每个重 30 克,莲茸馅按甘露酥皮的数量平均计算,销售毛利率为 40%。试求:每件莲茸甘露酥的售价是多少?

2.8　饮食产品销售价格的计算——销售毛利率法(2)

王小厨点击

王小厨在开餐厅之前,去"锅庄"考查,他仔细地研究了一下菜单以及菜价,很想知道怎样估算每个菜的成本和它们的销售毛利率。已知产品的销售价格如何求产品的成本和销售毛利率呢?

张大厨揭秘

用销售毛利率法求饮食产品销售价格的计算公式 $P=\dfrac{C}{1-R_P}$ 中有三个量,即饮食产品销售价格 P、产品成本 C 和销售毛利率 R_P,这三个量中只要知道其中任意两个量,就可以求出第三个量。比如:已知产品成本 C 和销售毛利率 R_P,则可以求出产品销售价格 P;如果知道销售价格 P 和销售毛利率 R_P,则可以求出产品成本 C;如果知道销售价格和产品成本,则可以求出销售毛利率。

王小厨磨刀

王小厨餐厅一盘"腐皮葱花肉"的销售价格是 10 元,销售毛利率为 40%,则这盘腐皮葱花肉的成本是多少?

因为 $P=$ _____,$R_P=$ _____

所以 $P=\dfrac{C}{1-R_P}\Rightarrow C=$ _____ $=$ _____

张大厨示范

【例 2.14】 王小厨餐厅一盘"红烧羊肉"的销售价格是 38 元,销售毛利率为 45%。试求:这盘菜肴的成本是多少?

解 因为 $P=\dfrac{C}{1-R_P}$

所以 $C=P(1-R_P)=38(1-45\%)=20.9$(元)

答:这盘"红烧羊肉"的成本是 20.9 元。

【例 2.15】 "山里人家"餐厅一份"冰糖甲鱼"的销售价格为 88 元,这道菜的主料有:净甲鱼 600 克,单价为 42 元/千克;熟板栗 100 克,单价为 12 元/千克;另耗用葱、姜、蒜、冰糖、色拉油等成本为 3.5 元。请问:这份冰糖甲鱼的销售毛利率是多少?

解 先计算耗用原材料的成本。

净甲鱼成本:$0.6\times42=25.2$(元)

熟板栗成本:$0.1\times12=1.2$(元)

葱、姜等成本:3.5 元

所以 $C=25.2+1.2+3.5=29.9$(元)

因为 $P=\dfrac{C}{1-R_P}$

所以 $1-R_P=\dfrac{C}{P}$

$R_P=1-\dfrac{C}{P}=1-\dfrac{29.9}{88}\approx0.66=66\%$

答:这份冰糖甲鱼的销售毛利率为 66%。

王小厨实践

1. 王小厨餐厅一份"醋溜鱼片"的销售价格为 18 元,若想将这个菜的销售毛利率定在 45%。问:这个菜的成本应控制在多少范围内?

2. 王小厨餐厅制作招牌菜"酸菜鱼",每份的销售价格是 48 元,每份酸菜鱼所用的主料:黑鱼一条,600 克左右,单价为 14 元/千克;另外需要酸菜 400 克,单价为 6 元/千克;葱、姜等的成本是 2.6 元。问:这个菜的销售毛利率是多少?

2.9 饮食产品销售价格的计算——成本毛利率法

王小厨点击

通过前面两节的学习,理清了销售价格 P、产品成本 C 和销售毛利率 R_P 之间的关系。销售价格跟成本毛利率之间又有什么样的关系呢？如何根据成本毛利率来制定饮食产品的销售价格呢？

张大厨揭秘

上一节介绍的是饮食产品价格的计算的一种方法——销售毛利率法,即根据销售毛利率来求饮食产品的销售价格。这节主要介绍饮食产品价格计算的另一种方法——成本毛利率法,即根据饮食产品的成本和成本毛利率来计算产品的销售价格的定价方法。这种方法以产品成本为基础,加上毛利占产品成本的百分比(成本毛利率),再计算出产品的销售价格,因此亦称"外加毛利率法"或"加成法"。即已知产品成本 C 和成本毛利率 R_C,如何求产品的销售价格 P？

因为 $P = C + M$

又因为 $R_C = \dfrac{M}{C}$

所以 $M = C \cdot R_C$

所以 $P = C + M = C + C \cdot R_C$

得 $P = C(1 + R_C)$

王小厨磨刀

王小厨餐厅一盘"虾仁炒蛋"的成本是 5 元,成本毛利率为 120%,则这盘虾仁炒蛋的销售价格是_____。

王小厨餐厅一盘"鱼香肉丝"的成本是 3.5 元,成本毛利率为 110%,则这盘鱼香肉丝的销售价格是_____。

张大厨示范

【例 2.16】 王小厨餐厅制作"西湖菊花鱼"一份,需要原料如下:青鱼肉 200 克,单价为 10 元/千克;五柳料 50 克,单价为 8.2 元/千克;生粉 80 克,单价为 8 元/千克;净鸡蛋 35 克,单价为 6.8 元/千克;糖醋 200 克,单价为 4 元/千克;生油 75 克,单价为 10 元/千克;精盐、味精等调料 1 元。若成本毛利率为 90%,试求:其销售价格为多少？

解 先计算耗用原材料成本。

青鱼成本:$0.2 \times 10 = 2.0$(元)

五柳料成本：$0.05 \times 8.2 = 0.41$（元）

生粉成本：$0.08 \times 8 = 0.64$（元）

净鸡蛋成本：$0.035 \times 6.8 \approx 0.24$（元）

糖醋成本：$0.2 \times 4 = 0.8$（元）

生油成本：$0.075 \times 10 = 0.75$（元）

精盐等调料成本：1 元

所以 $C = 2.0 + 0.41 + 0.64 + 0.24 + 0.8 + 0.75 + 1 = 5.84$（元）

$P = C(1 + R_C) = 5.84 \times (1 + 90\%) \approx 11.10$（元）

答：这份西湖菊花鱼的销售价格为 11.1 元。

【例 2.17】 "竹韵楼"餐厅制作"西湖醋鱼"一份，耗用原材料如下：鲜活草鱼一条，重约 700 克，单价为 10 元/千克；糖醋 200 克，单价为 4 元/千克；另耗用酱油、姜、绍酒、淀粉等调料成本 1.5 元。已知每份西湖醋鱼的销售价格是 20 元，求：它的成本毛利率和销售毛利率分别是多少？

解　先计算耗用原材料的成本。

草鱼成本：$0.7 \times 10 = 7$（元）

糖醋成本：$0.2 \times 4 = 0.8$（元）

酱油等调料成本：1.5 元

所以 $C = 7 + 0.8 + 1.5 = 9.3$（元）

因为 $P = C + M$

所以 $M = P - C = 20 - 9.3 = 10.7$（元）

所以 $R_C = \dfrac{M}{C} \times 100\% = \dfrac{10.7}{9.3} \times 100\% \approx 115\%$

$R_P = \dfrac{M}{P} \times 100\% = \dfrac{10.7}{20} \times 100\% = 53.5\%$

答：它的成本毛利率是 115%，销售毛利率是 53.5%。

【例 2.18】 已知王小厨餐厅的一份"芹菜肉丝"，销售价格为 8 元，销售毛利率为 50%。耗用原材料如下：净芹菜 100 克，芹菜单价为 3 元/千克，净料率为 70%；肉丝少许，单价为 18 元/千克，重量待求；调味品成本为 0.5 元。试求："芹菜肉丝"中肉丝的重量为多少克？

解　先根据售价和毛利率求出成本。

因为 $P = \dfrac{C}{1 - R_P}$

所以 $C = P(1 - R_P) = 8(1 - 50\%) = 4$（元）

芹菜的净料成本：$\dfrac{3}{70\%} \approx 4.3$（元/千克）

净芹菜的成本：$0.1 \times 4.3 = 0.43$（元）

所以肉丝成本:$4-0.43-0.5=3.07$(元)

肉丝重量:$\dfrac{3.07}{18}=0.17$(千克)$=170$(克)

答:"芹菜肉丝"中肉丝的重量为 170 克。

【王小厨实践】

1. 已知王小厨餐厅一盘"炒三鲜"的销售价格是 12 元,成本毛利率为 80%。求:这盘菜的成本是多少?

2. 已知"铁板鲈鱼"的主料成本为 16.53 元,辅料成本为 3.41 元,调味品成本为 1.68 元。试分别按不同的成本毛利率计算其销售价格(把计算结果填入下表,并说明毛利率对价格的影响)。

原材料成本 C＝_____					
成本毛利率/%	80	90	100	110	120
销售价格/元					

3. 王小厨餐厅一份"尖椒牛柳"的销售价格是 36 元,若这个菜的外加毛利率为 90%,请问:这个菜的成本是多少?

2.10 销售毛利率与成本毛利率的综合运用

【王小厨点击】

在前面两节内容中,学会了计算产品销售价格的两种不同的方法,在计算过程中主要涉及四个量:产品销售价格、产品成本、销售毛利率和成本毛利率。如果分开来计算,还是比较清楚的,但是在实际的日常计算中,可能会混在一起,那么如何去理清用哪种计算方法呢?

【张大厨示范】

在实际应用中,判断用哪一种方法计算产品的销售价格,主要是根据已知条件中出现的是哪些量。

【例 2.19】 "萍聚"餐厅一份"钱江肉丝"的销售价格是 15 元,每份"钱江肉丝"需要用料如下:猪里脊肉 300 克,单价为 20 元/千克;葱 100 克,单价为 8 元/千克;另外需用绍酒、油等调味品 1.2 元。请问:

(1)该菜的外加毛利率(成本毛利率)是多少?

(2)销售毛利率是多少?

(3)尝试得出销售毛利率与成本毛利率的关系。

解 先计算原材料的成本。

猪里脊肉成本:$0.3\times20=6$(元)

葱成本:$0.1\times8=0.8$(元)

调味品成本:1.2 元

所以 $C=6+0.8+1.2=8$(元)

因为 $P=C(1+R_C)$

$1+R_C=\dfrac{P}{C}$

所以 $R_C=\dfrac{P}{C}-1=\dfrac{15}{8}-1=0.875=87.5\%$

因为 $P=\dfrac{C}{1-R_P}$

所以 $1-R_P=\dfrac{C}{P}$

所以 $R_P=1-\dfrac{C}{P}=1-\dfrac{8}{15}\approx0.47=47\%$

$R_P=1-\dfrac{C}{P}=1-\dfrac{C}{C(1+R_C)}=1-\dfrac{1}{1+R_C}=\dfrac{R_C}{1+R_C}$

答:该菜肴的成本毛利率是 87.5%;销售毛利率是 47%;销售毛利率与成本毛利率的关系是 $R_P=\dfrac{R_C}{1+R_C}$。

【例 2.20】 "萍聚"餐厅一份"冬菇蒸鸡"的用料如下:光鸡块 200 克,单价为 16 元/千克;冬菇 75 克,单价为 48 元/千克;调味料 0.8 元。若销售毛利率为 45%,试求:它的销售价格和成本毛利率分别是多少?

解 先计算原材料的成本。

光鸡块成本:$0.2\times16=3.2$(元)

冬菇成本:$0.075\times48=3.6$(元)

调味料成本:0.8 元

所以 $C=3.2+3.6+0.8=7.6$(元)

$P=\dfrac{C}{1-R_P}=\dfrac{7.6}{1-45\%}\approx13.8$(元)

因为 $P=C(1+R_C)$

所以 $R_C=\dfrac{P}{C}-1=\dfrac{13.8}{7.6}-1\approx0.816=81.6\%$

答:它的销售价格为 13.8 元,成本毛利率为 81.6%。

王小厨实践

1. 王小厨餐厅把光鸡洗净,熟加工成白切鸡,其熟品率为 92%,若光鸡的进货单价为 14 元/千克,白切鸡的销售毛利率为 60%。试求:白切鸡 500 克的售价是多少?

2. 王小厨餐厅"酥炸排骨"一份,耗用原料如下:排骨 400 克,单价为 22 元/千克;生粉 100 克,单价为 8 元/千克;净蛋 40 克,单价为 6.8 元/千克;糖醋 150 克,单价为 4 元/千克;生油 100 克,单价为 10 元/千克;精盐、蒜茸等调料 0.5 元。试求:

(1)若销售毛利率为 45%,其销售价格是多少?

(2)若成本毛利率是 95%,其销售价格是多少?

3. 王小厨餐厅制作"鱼卷"10 份,耗用原料如下:净鱼肉 1250 克,单价为 36 元/千克;净芹菜 150 克,单价为 3 元/千克;净鸡蛋 100 克,单价为 6.8 元/千克;黄油 100 克,单价为 19 元/千克;盐 15 克,单价为 2 元/千克;胡椒粉 2 克,单价为 50 元/千克;白兰地酒 25 克,单价为 30 元/千克;煮土豆球 1000 克,单价为 2.4 元/千克。试求:

(1)若销售毛利率为 55%,每份鱼卷的销售价格是多少?

(2)若成本毛利率为 130%,每份鱼卷的销售价格是多少?

2.11　菜肴的配置与成本核算

王小厨点击

王小厨的哥哥要结婚了,带着王小厨到酒店去定酒席,遇到了一个难题:如何定菜单。因为王小厨是学烹饪的,制定婚宴菜单的任务自然落在了他的身上,那么筵席菜肴应该如何配置呢? 在配置的过程中冷菜、热菜、大菜等的比例该是怎么样的呢?

张大厨揭秘

我国筵席丰富多彩,款式万千。筵席不是菜肴的简单拼凑,而是经过精选组合起来的综合整体。筵席菜肴一般包括冷菜、热菜、大菜、点心和水果等。

1. 冷菜,习惯上将冷菜称为"冷盘"、"冷荤"或者"冷拼"。用于筵席上的冷菜,一般可用什锦冷盘或四单碟、四双拼等。高级筵席要配花色冷盘,外带若干围碟。要求质精形美。

2. 热菜和大菜。热菜通常为 2～4 道,在冷菜和大菜之间起承上启下的作用。一般采用煎、炒、爆、熘、炸、烩等烹调方法制作。其量不宜太多,以防喧宾夺主。大菜亦称"主料"、"正菜",是筵席的台柱菜,通常为 5～8 道。大菜包括头菜、荤素大菜、甜食和汤品 4 项。

3. 点心和水果。点心的品种包括糕、饼、酥、卷、包、饺、粉、面等,少则 1～2 道,多则 4～8 道。高级筵席必须有各种花色点心,以增加色彩的艳丽和形态的美观。水果通常多选用时令佳果和优质果品。

筵席菜肴的配置是怎样的呢? 一般菜肴的配置根据筵席档次的不同,各档菜所占的比例也是不一样的。具体的配置比例如下:

一般筵席:冷菜约占整个筵席成本的 10%,热菜约占 30%,大菜、点心、水果约占 60%。

中等筵席:冷菜约占整个筵席成本的 15%,热菜约占 30%,大菜、点心、水果约占 55%。

高级筵席:冷菜约占整个筵席成本的 20%,热菜约占 30%,大菜、点心、水果约占 50%。

王小厨磨刀

现"竹韵楼"大酒店提供了三档婚宴标准。

第一档是佳偶良缘百合宴:1588 元/10 人桌,该档筵席冷菜大约应该为_____元;热菜大约应该为_____元;大菜、点心、水果大约应该为_____元。

第二档是花好月圆吉祥宴:1888 元/10 人桌,该档筵席冷菜大约应该为_____元;热菜大约应该为_____元;大菜、点心、水果应该为_____元。

第三档是至爱浓情龙凤宴:2588 元/10 人桌,该档筵席冷菜大约应该为_____元;热菜大约应该为_____元;大菜、点心、水果应该为_____元。

张大厨示范

【例 2.21】 已知"竹韵楼"大酒店的普通筵席一桌(酒水另计),菜品组合有:四单碟、四热炒、五大菜、二点心、一甜汤。耗用原材料及成本如表 2-6 所示。试求:

表 2-6

菜肴类别	具体名称	成本/元
四单碟	白切鸡	10.1
	松花蛋	3.5
	香肠	5.2
	黄瓜	1.5
四热炒	爆墨鱼筒	11
	炸三丝卷	9.6
	爆腰花	11.8
	百合芦笋	8.6
五大菜	海参鹌鹑蛋	37.20
	酿冬菇	18.60
	香酥鸡	24.30
	清蒸武昌鱼	14
	橘瓣鱼丸汤	17.30
二点心	佛手包	6.8
	蛋糕	6.5
一甜汤	银耳果羹	12

(1)该筵席的成本是多少？

(2)如果该筵席的销售毛利率为 40%，该桌筵席的销售价格是多少？

解　(1)该筵席的成本：

$C=10.1+3.5+5.2+1.5+11+9.6+11.8+8.6+37.2+18.6+24.3+14+17.3+6.8+6.5+12=198$（元）

(2)销售价格：

$$P=\frac{C}{1-R_P}=\frac{198}{1-40\%}=330（元）$$

答：该筵席的成本是 198 元；如果该筵席的销售毛利率为 40%，该桌筵席的销售价格是 330 元。

【例 2.22】　"竹韵楼"大酒店的中档婚宴"花好月圆吉祥宴"的销售价格是 1888 元（酒水另计），该大酒店规定中档筵席的销售毛利率为 55%。

(1)试计算该筵席的成本。

(2)如果该大酒店各类菜点成本所占比重分别为：冷菜占 12%，热菜占 30%，大菜占 45%，点心和水果占 13%。求：各类菜点的成本。

(3)如果冷菜为锦绣八珍碟，计算平均每盘冷菜的成本。

解　(1)$P=\frac{C}{1-R_P}$

$C=P(1-R_P)=1888\times(1-55\%)=849.6$（元）

(2)该筵席各类菜肴的成本：

冷菜成本：$849.6\times12\%=102$（元）

热菜成本：$849.6\times30\%=254.9$（元）

大菜成本：$849.6\times45\%=382.3$（元）

点心和水果成本：$849.6\times13\%=110.4$（元）

(3)冷菜为锦绣八珍碟，即为 8 个冷盘，所以每个冷盘的平均成本：

$$\frac{102}{8}=12.75（元）$$

答：该筵席的成本是 849.6 元；冷菜成本为 102 元，热菜成本为 254.9 元，大菜成本为 382.3 元，点心和水果成本为 110.4 元；若冷菜为锦绣八珍碟，平均每盘冷菜的成本为 12.75 元。

王小厨实践

1."小元楼"饭店的中档婚宴"佳偶良缘百合宴"的销售价格为 1588 元（酒水另计），一般中档筵席的销售毛利率为 55%，各类菜成本所占的比重与例 2 相同。求：

(1)该筵席的成本是多少？

(2)该筵席各类菜肴的成本各是多少？

2."竹韵楼"大酒店的"花家喜宴"的菜肴配置如表 2-7 所示。

表 2-7

菜肴类别	菜肴名称	成本/元
冷菜类	江南八冷盘	平均 12 元/盘
热菜类	酱爆花枝肚片	22.5
	翡翠玉带子	32
	上汤肘子娃娃菜	28
	百合芦笋	18.5
八大菜	上汤焗龙虾	135.8
	广式蒸石斑鱼	210
	鲜果奶拼蒜香骨	46
	夹饼东坡肉	35
	肘子什菌本鸡	45
	蚝皇北菇扣鹅掌	65
	蒜茸粉丝蒸扇贝	86
	鱼肚三丝羹	24
点心和水果	美点双辉	38
	喜庆果盘	25

(1)若该筵席的销售毛利率为 60％,求:该桌筵席的销售价格是多少?

(2)求:各类菜点所占的比例各是多少?

3. 根据筵席菜肴的配置与成本核算的知识,结合顾客的口味,对顾客预定的筵席进行各类菜点成本的核算。并开列出相应的筵席菜单以及各个菜点的单价以及成本。

(1)某顾客预定 880 元一席的夏季筵席(酒水另计),人数为 10 人,毛利率为 50％。

(2)某顾客预定 1280 元一席的秋季筵席(酒水另计),人数为 10 人,毛利率为 55％。

2.12　综合毛利率的核算

王小厨点击

王小厨准备去"萍聚"餐厅调查该餐厅的经营状况,每个月该餐厅盈利多少?平均每天该餐厅可以盈利多少?以作为今后自己创业的参考。所以去之前,他考虑好应该搜集哪些数据来分析一个餐厅的经营状况呢?又该如何去分析呢?所以他先请教了一下师傅张大厨。

张大厨揭秘

一般情况下,用计算综合毛利率的办法来考核餐饮部门的经营状况。综合毛利率是指在某一期间若干饮食产品总体反映出来的毛利率水平。在没有特别说明的情况下,综合毛利率指的就是销售毛利率(或简称"毛利率")。综合毛利率是一段时间内的毛利与营业收入的比值。即

$$综合毛利率 = \frac{毛利}{营业收入} \times 100\%$$

其中,毛利=营业收入－营业成本。

如:"萍聚"餐厅3月份的营业收入是45万元,而3月的食品成本是20万元,人员工资为3.5万元,水电、煤气等开支是2万元,营业税为2.25万元,则该餐厅的毛利为45－20＝25(万元)。

$$综合毛利率 = \frac{25}{45} \times 100\% = 56\%$$

其中,毛利包括人员工资、水电、煤气等开支以及营业税。因此其实际利润是达不到56%的。

王小厨磨刀

某餐厅1月的营业收入为50万元,1月的食品成本是24万元,则该餐厅1月份的毛利是_____元,综合毛利率是_____。

张大厨示范

【例2.23】 "萍聚"餐厅预算中筵席、零点菜、点心、米饭等品种的营业收入以及各品种的毛利率如表2-8所示。试求:该餐厅预算中各项目的毛利率以及综合毛利率各是多少?填入下表空白处。

表2-8

项 目	预计营业收入/元	预算成本额/元	预算毛利额/元	毛利率/%
筵席	100000	45000		
零点菜	120000	56000		
点心	70000	42000		
米饭	10000	7000		
酒水	50000	30000		
合 计	350000	180000		

解　筵席的预算毛利：$100000-45000=55000$（元）

筵席的毛利率：$\dfrac{55000}{100000}\times100\%=55\%$

零点菜的预算毛利：$120000-56000=64000$（元）

零点菜的毛利率：$\dfrac{64000}{120000}\times100\%\approx53.3\%$

点心的预算毛利：$70000-42000=28000$（元）

点心的毛利率：$\dfrac{28000}{70000}\times100\%=40\%$

米饭的毛利：$10000-7000=3000$（元）

米饭的毛利率：$\dfrac{3000}{10000}\times100\%=30\%$

综合预算毛利：$350000-180000=170000$（元）

综合毛利率：$\dfrac{170000}{350000}\times100\%\approx48.6\%$

【例 2.24】　王小厨餐厅 3 月份食品营业收入额为 305000 元，该餐厅厨房耗用原材料如下：

2 月底厨房食品原材料结存：14250 元；

3 月份厨房领用食品原材料：163550 元；

3 月底厨房盘存食品原材料：13100 元。

试求：该餐厅 3 月份的毛利以及综合毛利率各是多少？

解　3 月份的食品成本：$14250+163550-13100=164700$（元）

3 月份的毛利：$305000-164700=140300$（元）

3 月份的综合毛利率为：

$$R_p=\dfrac{140300}{305000}\times100\%=46\%$$

答：该餐厅 3 月份的毛利为 140300 元，综合毛利率为 46%。

王小厨实践

1. 已知王小厨餐厅 5 月份食品营业收入为 255000 元，耗用食品原材料如下：

4 月末结存食品原材料：8262.30 元

5 月份领用食品原材料：128921.20 元

5 月末盘点结余原材料：4583.50 元

试求：5 月份耗用原材料的成本是多少？综合毛利率是多少？

2. "竹韵楼"大酒店的一个餐厅 6 月份筵席、零点菜、点心、米饭、酒水等品种的营业收入以及各品种的成本额如表 2-9 所示。试求：

(1)该大酒店各品种项目的毛利、毛利率和综合毛利率。

表 2-9

项　目	营业收入/元	成本额/元	毛利额/元	毛利率/%
筵席	250000	120000		
零点菜	100000	46000		
点心	60000	34500		
米饭	10000	70000		
酒水	80000	56000		
合　计				

（2）分析表 2-9 中各品种的毛利率，该大酒店应该加强哪几部分的营业额能够获得更大的利润？

【附表】

部分常用原料的净料率表格

原料品名	净料处理项目	净　料		备　注
		品　名	净料率/%	
青鱼	宰杀，去鳞、鳃、内脏，洗涤宰杀，去鳞、鳃、内脏、头尾、骨	净青鱼 净鱼肉	87 40	
草鱼	宰杀，去鳞、鳃、内脏，洗涤宰杀，去鳞、鳃、内脏、头尾、骨	净草鱼 净有皮鱼肉	83 40	
鳙鱼	宰杀，去鳞、鳃、内脏，洗涤宰杀，去鳞、鳃、内脏、头尾、骨	净鳙鱼 净有皮鳙鱼肉	80 30	
鲢鱼	宰杀，去鳞、鳃、内脏，洗涤宰杀，去鳞、鳃、内脏、头尾、骨	净鲢鱼 净有皮鲢鱼肉	80 35	
鲤鱼	宰杀，去鳞、鳃、内脏，洗涤	净鲤鱼	85	
鳊鱼	宰杀，去鳞、鳃、内脏，洗涤	净鳊鱼	85	
生鱼	宰杀，去鳞、鳃、内脏，洗涤宰杀，去鳞、鳃、内脏、头尾、骨	净生鱼 生鱼肉片（有皮）	85 50	
鲫鱼	宰杀，去鳞、鳃、内脏，剁块	净鱼块	75	
鳜鱼	宰杀，去鳞、鳃、内脏，洗涤	净鳜鱼	83	
鲈鱼	宰杀，去鳞、鳃、内脏，洗涤	净鲈鱼	80	
鲟鱼	宰杀，去鳞、鳃、内脏，洗涤	净鲟鱼	80	

续表

原料品名	净料处理项目	净料		备 注
		品 名	净料率/%	
鲳鱼	宰杀,去头、鳞、鳃、内脏,洗涤	无头净鱼	80	
鳝鱼	烫后去骨、内脏、头尾	净鳝肉	55	
海鳗	宰杀,洗涤宰杀,去头尾、骨,洗涤	净鳗	86	
		净鳗肉	37～47	
活鹅(2.5~3千克)	宰杀,去脚、内脏	光鹅	65	
光鹅	烤熟	烧鹅	63	
活鸭	宰杀,去脚、内脏	光鸭	63	
光鸭	挂炉煮熟	挂炉鸭	55～60	
		酱鸭	60	
		卤鸭	60	
光鸭	整鸭出骨	鸭肉	48	
鸭肫	去黄皮肫皮煮熟(带皮、肫)	净肫肉	65	
		卤肫	68	
鸡鸭蛋	去壳分档	蛋清	58	
		蛋黄	31	
大黄鱼	宰杀,去鳞、鳃、内脏,洗涤	净鱼	80～87	
小黄鱼	宰杀,去鳞、鳃、内脏、头	无头净鱼	72	
	宰杀,去鳞、鳃、内脏、头、骨	净鱼肉	42	
	宰杀,去鳞、鳃、内脏,洗涤,油炸	炸全鱼	55	
带鱼	宰杀,去鳞、鳃、内脏、头	净鱼(无头)	74	
甲鱼	宰杀,去内脏、头爪等	净甲鱼	70	
山瑞	宰杀,去内脏、头爪等	净山瑞	75	
对虾	去须脚	净虾	80	
海虾	去须脚	净大海虾	80	
海虾	剥壳	净海虾肉	35	
河虾	剥壳	虾仁	30～34	
龙虾	去须脚等	净龙虾	80	
龙虾	去须脚,剥壳	净龙虾肉	25	
螃蟹	去鳃、内脏,洗涤	净螃蟹	70	
螃蟹	去鳃、内脏,除壳	蟹肉蟹黄	25～35	
鲜鱿鱼	去内脏、软骨、鱼眼,洗涤	净鲜鱿鱼	70	

原料品名	净料处理项目	净料品名	净料率/%	备注
鲜墨鱼	去内脏、软骨、鱼眼,洗涤	净鲜墨鱼	60	
鲜鲍鱼	去壳,除去污物,洗涤	净鲜鲍鱼	30	
鲜带子	去壳,退去薄膜,洗涤	净鲜带子	50	
鱼翅	拣洗,泡发	净水鱼翅	150～200	
刺参	拣洗,泡发	净水刺参	400～500	
干鲍鱼	拣洗,泡发	净水鲍鱼	150～175	
干贝	拣洗,泡发	净水干贝	150～200	
干鱿鱼	拣洗,泡发	净水鱿鱼	150	
干章鱼	拣洗,泡发	净水章鱼	150	
墨鱼干	拣洗,泡发	净水墨鱼	130	
干蚝豉	拣洗,泡发	净水蚝豉	150	
海米	拣洗,泡发	净水海米	200～250	
海带	拣洗,泡发	净水海带	500	
干肉皮	油余,水发	水发肉皮	300～450	
干蹄筋	油余,水发	水发蹄筋	300～450	
鱼肚	油余,水发	水发鱼肚	300～450	

第三章　集合的应用

3.1　元素与集合的关系在烹饪原料中的应用

王小厨点击

(1)香蕉、橘子、苹果、菠萝组成的一个整体；

(2)蔬菜类的原料组成的一个整体；

(3)香干肉丝的原料所组成的一个集体；

(4)蛋白质营养丰富的原料所组成的一个整体；

(5)蛋白质含量超过 20% 的肉类原料组成的一个整体。

上面所列的整体与个体之间,有什么样的共同特征呢?

张大厨揭秘

从上述的例子知道,我们所考虑的是由一些对象组成的整体,在数学中我们用集合这个概念来表达。

集合:是指由一些事物组成的整体,而这些事物中每个对象称为这个集合的一个元素。

例如:1,2,3 这三个数组成一个集合,记作 $A=\{1,2,3\}$,1,2,3 分别叫做集合 A 中的一个元素。

一般地,给定一个集合 A,如果 c 是集合 A 中的元素,就说 c 属于 A。

$$记作\qquad c\in A$$

如果 d 不是 A 的元素,就说 d 不属于 A。

$$记作\qquad d\notin A$$

比如,2 是自然数,我们就说:2 属于自然数;记作:$2\in \mathbf{N}$。

王小厨磨刀

1. 上面"王小厨点击"中的五个例子,哪些能组成集合? 如果能组成集合,请写出这个集合,并说出它的元素是什么。

2. 用适当的符号 $\in$ 或 $\notin$ 填空。

橘子_____{水果}　　　鸡肉_____{水果}　　　萝卜_____{蔬菜}

鲫鱼_____{家禽}　　　姜丝_____{制作钱江肉丝的所有原料}

🧑‍🍳 张大厨示范

【例3.1】 下列哪些整体能够组成集合？如果能组成集合，则该集合的元素是什么？

(1)维生素含量非常高的水果；

(2)某养鸡场所有的公鸡；

(3)"竹韵楼"饭店里所有的厨师；

(4)常见的调味品组成的整体。

解　集合具有三个特征：确定性、互异性、无序性。

(1)不能构成集合。因为"非常高"是个模糊语，违反了集合的确定性。

(2)能构成集合。因为每一只公鸡就是集合中的一个元素。

(3)能构成集合。因为每一位厨师就是集合中的一个元素。

(4)不能构成集合。因为"常见的"是一个模糊语，违反了集合的确定性。

【例3.2】　请写出下列集合，并指出它们的元素是什么。

(1)人体必须的六大营养素；

(2)制作荷花总盘的所有原料；

(3)任写六种常见的蔬菜；

(4)制作尖椒牛柳的所有原材料。

解　(1){水,无机盐,蛋白质,脂肪,维生素,糖}

(2){卤牛肉,白蛋糕,黄蛋糕,青瓜,熟胡萝卜,火腿肠,番茄,荷莲蓬}

(3){茄子,黄瓜,辣椒,苦瓜,冬瓜,花菜}

(4){牛里脊肉,绿尖椒,绍酒,精盐,味精,食用碱,酱油,熟猪油,麻油,鸡蛋,耗油}

🥄 王小厨实践

1. 请写出自己在学校里学习过的冷菜所组成的集合。

2. 请写出自己在学校里学习过的热菜所组成的集合。

3. 请写出热菜的所有手法组成的集合。

4. 请在课后练习制作冷菜高三拼，具体地看一看制作高三拼需要哪些原料，用集合与元素来解释一下。

3.2　集合与集合的关系在烹饪原料中的应用

王小厨点击

下表为含维生素 C 较丰富的果蔬(毫克/100 克)

食物名称	含量/毫克	食物名称	含量/毫克
鲜枣	243	苦瓜	56
沙田柚	123	冬瓜	18
猕猴桃	62	菠菜	32
番茄	19	豆芽	6
韭菜	24	苹果	8
苋菜	47	西瓜	6
卷心菜	40	杏	4
油菜	36	柿	30
大白菜	28	柿子椒	159

思考:根据上表写出集合,并判断它们之间的关系:

(1)维生素 C 在 30 毫克以上的蔬菜所组成的集合记为 B,则

$B=$ _____

(2)蔬菜类的食物所组成的集合记为 A,则

$A=$ _____

张大厨揭秘

上述,B 集合中所有的元素都在 A 集合中。

一般地,如果集合 B 中的每一个元素都是集合 A 的元素,那么 B 叫做 A 的一个子集。

$$记作　　B \subseteq A 或 A \supseteq B$$

如果集合 A 与 B 之间不存在互相包含的关系,则记作 $B \nsubseteq A$。

王小厨磨刀

1. 用"$\subseteq, \supseteq, \nsubseteq$"填空:

(1){茄子}_____{茄子,黄瓜,苦瓜}

(2){苹果,香蕉,大米,牛肉}_____{大米,香蕉}

(3){蔬菜类}_____{韭菜}

(4){鲫鱼,鸭子}_____{家禽类}

2. 设 $B=${菠菜,苦瓜,油菜},按要求填空:

(1)含一个元素的子集是＿＿＿＿＿＿＿＿＿＿＿＿＿＿＿＿＿＿＿；

(2)含二个元素的子集是＿＿＿＿＿＿＿＿＿＿＿＿＿＿＿＿＿＿＿；

(3)含三个元素的子集是＿＿＿＿＿＿＿＿＿＿＿＿＿＿＿＿＿＿。

张大厨示范

【例 3.3】 设 A 表示上表中维生素含量在 60 毫克/100 克以上的果蔬所组成的集合,你能写出 A 的所有子集吗?

解 先写出 A 集合:

$A＝\{$鲜枣,沙田柚,猕猴桃,柿子椒$\}$

再按以下步骤来写出所有子集:

(1)含有 A 中 0 个元素的子集:Φ;

(2)含有 A 中 1 个元素的子集:$\{$鲜枣$\}$、$\{$沙田柚$\}$、$\{$猕猴桃$\}$、$\{$柿子椒$\}$;

(3)含有 A 中 2 个元素的子集:$\{$鲜枣,沙田柚$\}$、$\{$鲜枣,猕猴桃$\}$、$\{$鲜枣,柿子椒$\}$、$\{$沙田柚,猕猴桃$\}$、$\{$沙田柚,柿子椒$\}$、$\{$猕猴桃,柿子椒$\}$;

(4)含有 A 中 3 个元素的子集:$\{$鲜枣,沙田柚,猕猴桃$\}$、$\{$鲜枣,沙田柚,柿子椒$\}$、$\{$鲜枣,猕猴桃,柿子椒$\}$、$\{$沙田柚,猕猴桃,柿子椒$\}$;

(5)含有 A 中 4 个元素的子集:$\{$鲜枣,沙田柚,猕猴桃,柿子椒$\}$。

王小厨实践

1. 已知集合 $A＝\{$鸡,鸭,鹅$\}$,请写出 A 的所有子集。

2. 请写出制作佛手飘香所需的原料组成的集合,并写出它的所有子集。

3. 请写出你所知道的以鸡肉作为主料的菜肴组成的集合,并将其中你最爱吃的菜作为子集写出来。

3.3 交集在烹饪原料中的应用

王小厨点击

大家学习烹饪知识也有段时间了,请观察下面的分类,并按照要求填空:

蔬菜类:大白菜,莴苣叶,胡萝卜,南瓜,大葱,马铃薯,番茄,菠菜,苦瓜;

畜禽类:猪肝,鸡蛋,牛肝,猪肝;

果品类:杏,沙田柚,鲜枣;

谷物类:玉米,小米,小麦,大豆,花生仁;

水产类:河蟹;

油类:奶油,棉籽油,玉米油。

含胡萝卜素丰富的原料:大白菜,莴苣叶,胡萝卜,大葱,南瓜,杏,河蟹,鸡蛋,奶油;

含维生素 E 丰富的原料:棉籽油,玉米油,奶油,鸡蛋,菠菜,莴苣叶,猪肝,马铃薯,胡萝卜;

含维生素 B12 丰富的原料:牛肝,小麦,大豆;

含维生素 C 丰富的原料:鲜枣,胡萝卜,沙田柚,番茄,莴苣叶;

含维生素 B1 丰富的原料:小米,玉米,牛肝,猪肝。

王小厨磨刀

根据以上分类填空(只考虑以上原料):

含胡萝卜素和维生素 C 都丰富的原料组成的集合是:_____;

含胡萝卜素丰富的水产的原料组成的集合是:_____;

含维生素 B12 丰富的畜禽类原料组成的集合是:_____;

含维生素 C 丰富的水产类原料组成的集合是:_____。

张大厨揭秘

一般,给了两个集合 A,B,由既属于 A 又属于 B 的所有元素组成的集合,称为 A 与 B 的交集,记作:$A \cap B$,读作:"A 交 B"。

张大厨示范

【例3.4】 下表为常见原料的蛋白质的生理价值。

原料名称	生理价值	食物名	生理价值	原料名称	生理价值
大米	77	大豆(熟)	64	鸡蛋(整)	94
小麦	67	大豆(生)	57	鸡蛋白	83
白面粉	52	蚕豆	58	鸡蛋黄	96
大麦	64	绿豆	58	牛乳(脱脂)	85
小米	57	花生(熟)	59	乳清蛋白	84
玉米	60	豌豆(生)	48	牛肉	76
高粱	56	豆腐	65	牛肝	77
马铃薯	67	核桃	56	猪肉	74
红薯	72	白菜	76	白鱼(白鲢)	76
芝麻	71	西瓜仔	73	虾	77

根据上表:

1. 请用列举法表示的集合填空:

$A = \{$蛋白质生理价值为 60 及其以上的原料$\} = $ _____;

$B=\{谷物类的原料\}=$ ＿＿＿＿＿＿＿＿＿＿＿＿ ；

$C=\{畜禽类的原料\}=$ ＿＿＿＿＿＿＿＿＿＿＿＿ ；

$D=\{蔬菜类的原料\}=$ ＿＿＿＿＿＿＿＿＿＿＿＿ ；

$E=\{水产类的原料\}=$ ＿＿＿＿＿＿＿＿＿＿＿＿ ；

$F=\{果品类的原料\}=$ ＿＿＿＿＿＿＿＿＿＿＿＿ ；

$G=\{菌藻类的原料\}=$ ＿＿＿＿＿＿＿＿＿＿＿＿ ；

$H=\{调味品类的原料\}=$ ＿＿＿＿＿＿＿＿＿＿＿＿ 。

2. 根据第 1 小题写出的集合填空：

(1) $A\cap C=$ ＿＿＿＿＿＿＿＿＿＿＿＿ ；

(2) $A\cap D=$ ＿＿＿＿＿＿＿＿＿＿＿＿ ；

(3) $A\cap E=$ ＿＿＿＿＿＿＿＿＿＿＿＿ ；

(4) $B\cap F=$ ＿＿＿＿＿＿＿＿＿＿＿＿ ；

(5) $B\cap G=$ ＿＿＿＿＿＿＿＿＿＿＿＿ ；

(6) $C\cap H=$ ＿＿＿＿＿＿＿＿＿＿＿＿ 。

王小厨实践

1. 我们继续利用张大厨示范中的常见蛋白质表格，完成下面的问题：

(1) 假设 $A=\{蛋白质生理价值为 60 以下的\}$，请用列举法写出 A 集合；

(2) 已知 $B=\{谷物类的原料\}$、$C=\{畜禽类的原料\}$、$D=\{蔬菜类的原料\}$，求：$A\cap C,A\cap D,B\cap C$。

2. 请你利用《烹饪营养卫生》一书中第一章第一节里《人体需要的营养素》的各种表格，构造交集知识的问题，同桌之间互考，看哪组同桌之间的题目最新颖、最符合要求、最能代表出题人和做题人的水平。

3.4　并集在烹饪原料中的应用

王小厨点击

钱江肉丝的原料：猪里脊肉，葱，甜酱，绍酒，精盐，酱油，白糖，味精，湿淀粉，姜丝，色拉油，麻油；

香干肉丝的原料：猪腿精肉，香干，葱段，绍酒，酱油，白糖，味精，色拉油，麻油；

清炸土豆松的原料：土豆，精盐，味精，胡椒粉，植物油；

脆炸脆皮香蕉的原料：香蕉，面粉，干淀粉，发酵粉，色拉油。

如果你要做钱江肉丝和香干肉丝，需要准备哪些原料？

如果你要做清炸土豆松和脆炸脆皮香蕉，又需要准备哪些原料？

![张大厨揭秘]

一般地,给出两个集合 A 与 B,由属于 A 或者属于 B 的元素组成的集合,叫做 A 与 B 的并集,记作 $A \cup B$,读作"A 并 B"。

通俗地说,并集就是指两个集合的所有元素综合在一起,其中重复的元素只考虑一次。

![王小厨磨刀]

在空格上填写适当的集合:

(1){猪腿肉,青蒜苗,豆瓣酱,甜面酱,酱油,色拉油}$\cup${青椒,豆腐皮,鸡蛋黄,猪里脊肉,甜面酱,精盐,绍酒,味精,葱白段,花椒盐,熟菜油}＝＿＿＿＿＿＿＿

(2){萝卜,白菜,青椒}$\cup${里脊肉,鲫鱼,龙虾}＝＿＿＿＿＿＿＿

(3){土豆,青椒}$\cup${酱油,精盐,土豆,青椒,甜面酱}＝＿＿＿＿＿＿＿

(4)A＝{制作"佛手飘香"所需的原料},B＝{制作"杭州卤鸭"所需的原料},则 $A \cup B$＝＿＿＿＿＿＿＿

![张大厨示范]

【例 3.5】　请回忆一下《香糟三黄鸡》和《香糟凤爪》需要的原料,若把《香糟三黄鸡》的原料构成的集合记作 A,把《香糟凤爪》的原料构成的集合记作 B,请回答下面的问题:

(1)A 和 B 的交集是什么?请用文氏图表示。

(2)A 和 B 的并集是什么?请用文氏图表示。

解　A＝{三黄鸡,香糟汁,姜,葱,黄酒,精盐,白胡椒粉,味精}

B＝{鸡爪,香糟汁,黄酒,精盐,味精,葱,姜,花椒}

$A \cap B$＝{香糟汁,姜,葱,黄酒,精盐,味精}

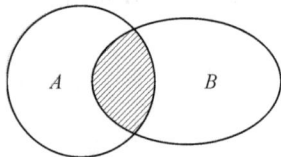

$A \cup B$＝{三黄鸡,鸡爪,香糟汁,姜,葱,黄酒,精盐,味精,白胡椒粉,花椒}

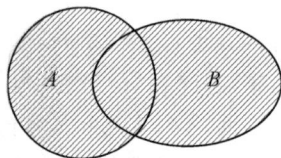

王小厨实践

1. 请用适当的集合填空：

A＝{炒土豆丝所需的原料}＝＿＿＿＿＿＿＿＿＿＿＿

B＝{清炸土豆松所需的原料}＝＿＿＿＿＿＿＿＿＿＿＿

C＝{煎土豆饼所需的原料}＝＿＿＿＿＿＿＿＿＿＿＿

$A \cap B$＝＿＿＿＿＿＿＿＿；$A \cup B$＝＿＿＿＿＿＿＿＿；

$A \cap C$＝＿＿＿＿＿＿＿＿；$A \cup C$＝＿＿＿＿＿＿＿＿；

$B \cap C$＝＿＿＿＿＿＿＿＿；$B \cup C$＝＿＿＿＿＿＿＿。

2. 请同桌之间相互以《之江菜谱》中的各式冷、热菜原料构造集合，互相考查集合的交集和并集。

3.5　补集在烹饪原料中的应用

王小厨点击

一次操作课上，王小厨在学习制作炒鲜奶。他把原料整理了一下，主料是鲜牛奶 1 袋，鸡蛋 6 个；辅料是时令绿蔬菜 20 克，熟火腿 25 克；调味料是精盐 3 克，味精2.5 克，绍酒 4 克，湿淀粉 30 克，色拉油 500 克。这时，王小厨看到旁边的赵学厨在专心地学习老师刚示范的内容，于是想考考他，看他有没有把所有原料都弄清楚了。于是问他："学厨，如果把炒鲜奶的全部原料记作全集，把主料记作集合 A，你能不能迅速地说出集合 A 在全集中的补集。"赵学厨一下子就被王小厨给考住了，尽管他把炒鲜奶的全部原料记熟了。你能帮帮赵学厨吗？

张大厨揭秘

补集：设 U 是全集，由 U 中不属于子集 A 的所有元素组成的集合，称为 A 在 U 中的补集，记作 $\complement_U A$。

王小厨磨刀

1. 请帮赵学厨解决"王小厨点击"中的问题。

2. 若全集 U＝{1,2,3,4,5,6}，A＝{1,3,5}，求集合 A 在全集 U 中的补集。

张大厨示范

【例 3.6】　下面是"竹韵楼"大酒店的婚宴套餐，价格一样（新人可任选）。若把这份套餐中所有的菜肴组成的集合记作全集 U，把 A 套餐中所有菜肴组成的集

合记作 A,把 B 套餐中所有菜肴组成的集合记作 B。求:集合 A 在全集中的补集、$A \bigcap B$、$A \bigcap B$ 在集合 A 中的补集。

A 套餐	B 套餐	A 套餐	B 套餐
精美八味碟	精美八味碟	金牌脆鸭	虾仁油麦菜
发财吉利羹	瑶柱富贵羹	虾爆鳝背	鸳鸯双味
龙虾刺身	象鼻蚌刺身	蚝黄双蔬	古法干菜鳗
姜葱珍宝蟹	葱油小鲍鱼	三鲜芦笋	三鲜芦笋
广式清蒸鳜鱼	姜葱珍宝蟹	百鸟朝凤	火瞳本鸡炖甲鱼
古法干菜鳗	金牌脆鸭	早生贵子	早生贵子
清蒸双鳌	碧绿爆鳝背	八宝饭	煎饺
竹叶子排	清蒸左口鱼	玉兔包	八宝饭
		水果	水果

解　集合 A 在全集中的补集 $\complement_U A = B$

$A \bigcap B = \{$精美八味碟,姜葱珍宝蟹,古法干菜鳗,金牌脆鸭,三鲜芦笋,早生贵子,八宝饭,水果$\}$

若把 $A \bigcap B = G$,那么 G 在 A 中的补集为:

$\complement_A G = \{$发财吉利羹,龙虾刺身,广式清蒸鳜鱼,清蒸双鳌,竹叶子排,虾爆鳝背,蚝黄双蔬,百鸟朝凤,玉兔包$\}$

【例 3.7】　(1)若 $\mathbf{N}$ 为全集 U,$A = \{n \mid n \in \mathbf{N}$,且 $n \geqslant 3\}$。试求 A 的补集。

(2)若 $\mathbf{R}$ 为全集 U,$A = \{n \mid n \in \mathbf{R}$,且 $n \geqslant 3\}$。试求 A 的补集。

解　(1) $\complement_U A = \{0,1,2\}$

(2) $\complement_U A = A = \{n \mid n \in \mathbf{R}$,且 $n < 3\}$

【例 3.8】　设 $U = \mathbf{R}$,$A = \{x \mid x \leqslant -4\}$,$B = \{x \mid x \geqslant 4\}$。

求 $\complement_U A$,$\complement_U B$,$\complement_U A \bigcap \complement_U B$。

解　本题采用数轴法分析比较清晰。

A,B 集合为图中所示。

所以 $\complement_U A = \{x \mid x > -4\}$

$\complement_U B = \{x \mid x < 4\}$

$\complement_U A \bigcap \complement_U B = \{x \mid -4 < x < 4\}$

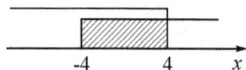

王小厨实践

1. 请写出钱江肉丝的全部原料,若把全部原料记作全集 U,把主料记作集合 A,请求出集合 A 在全集 U 中的补集。

2. 若把王小厨本学期学习的全部课程记作全集,把烹饪课程记作集合 A,请写出集合 A 在全集中的补集。

3. 同桌之间相互出 5 道关于补集的题目。

第四章 函数的应用

4.1 一次函数在菜肴制作中的应用

王小厨点击

王小厨学做鱼圆,老师要求同学们每人买了一条鲢鱼,鲢鱼经过初加工、剔刺等工序后得净鱼茸。王小厨买的鲢鱼经加工后得到的鱼茸恰好是 500 克整,老师告诉王小厨需要加入 25 克盐,再加入适量的水(鱼茸和水是按 1∶2 的体积比例)。王小厨按照老师的指导,果然做出了很好的鱼圆,还受到了老师的好评。细心的王小厨发现,每个同学的鲢鱼经加工后得到的鱼茸质量都是不一样的,但是老师对每位同学所需要加的盐都是脱口而出。王小厨陷入沉思,到底是为什么呢?

张大厨揭秘

盐和鱼茸之间其实有着一次函数的关系,设鱼茸的质量为 x,则所需加的盐 y 为

$$y = \frac{25}{500}x = \frac{1}{20}x$$

如果告诉老师鱼茸是 400 克,则只需通过心算 $\frac{1}{20} \times 400 = 20$(克),马上能够得出需加 20 克盐。

王小厨磨刀

赵学厨学做炸土豆松,老师演示炸土豆松的用料为土豆 300 克,精盐 1 克,味精 2 克,胡椒粉 2.5 克,植物油 500 克。现在赵学厨有 1.8 千克土豆,需要其他的用料分别为:精盐 _____ 克,味精 _____ 克,胡椒粉 _____ 克,植物油 _____ 克。

张大厨示范

【例 4.1】 老师到"竹韵楼"饭店访点,和"竹韵楼"饭店的厨师长聊起了饭店的生意,了解到这样一个情况,"竹韵楼"饭店的一道菜"清汤鱼圆"卖得非常好,每天的鱼圆平均销量达到 400 个。假设每斤鲢鱼加工后能得到 0.35 斤鱼茸,500 克鱼

茸能做 12 个标准的鱼圆。请问:"竹韵楼"饭店每天需要为做鱼圆准备多少斤鲢鱼和多少斤盐?

解 鱼圆个数与鱼茸之间是一次函数的关系,设鱼茸为 x 克,所得鱼圆的个数为 y 个,则 $y = \frac{12}{500}x$。

已知 $y = 400$,需求 x。

$400 = \frac{12}{500}x$,解得 $x \approx 16667$

需要鲢鱼 $\frac{16667}{0.35} = 47620$(克)

那么,所需的盐为:

$\frac{1}{20} \times 16667 \approx 833$(克)

最后,把单位化为斤(1 斤 = 500 克)

"竹韵楼"饭店需要为做鱼圆准备鲢鱼 $\frac{47620}{500} = 95.24$(斤)

需要准备的盐 $\frac{833}{500} = 1.7$(斤)

答:"竹韵楼"饭店每天需要为做鱼圆准备 95.24 斤鲢鱼和 1.7 斤盐。

王小厨实践

1. 老师给出的制作"挂霜豆腐"的用料单为:豆腐 200 克,白糖 150 克,干淀粉 50 克,面粉 100 克,色拉油 1000 克。现在有 3200 克豆腐,要全部做成挂霜豆腐。问:其他配料的用量分别是多少克?

2. 老师演示制作"西湖醋鱼"(软溜)时的用料用量分别为:鲜活草鱼 1 条(重 700 克),白糖 60 克,酱油 75 克,醋 50 克,绍酒 25 克,湿淀粉 50 克,姜末 2.5 克,胡椒粉适量。现在有一条 500 克重的草鱼,请问:其他用料的用量分别是多少克?

4.2 一次函数在中点制作中的应用

王小厨点击

面点课上,老师教同学们如何制作甘露酥。老师给每个小组准备好了用料:面粉 500 克,白糖 250 克,鸡蛋 250 克,猪油 150 克,板油 100 克,火腿肉 100 克,鲜菇 75 克,海米 25 克,酱油 25 克,香油 25 克,盐、味精适量。

同学们热情高涨、积极参与,按照流程:馅料调制→面坯调制→摘剂→包馅→刷蛋液→烘烤→成品,在老师的精心指导下,同学们制作出了美味可口的甘露酥。

正当同学们在开心高兴之余,王小厨却在思考,今天做甘露酥的用料、用量都是老师事先给我们准备好的,我们该如何灵活地运用老师交给我们的配方呢?比如,现有面粉 2.5 千克,我应该配白糖、鸡蛋、猪油、板油、火腿肉、鲜菇、海米、酱油、香油各多少克呢?如果现有面粉 3800 克,又该怎样搭配呢?它们之间存在什么样的关系呢?

张大厨示范

【例 4.2】 配方的用料之间存在一个比例关系,即一次函数关系,只要确定了其中的一种用料,就能够计算出其他用料的用量。

设面粉的用量为 $x_面$ 克,可得:

白糖与面粉用量的关系式为　$y_白 = \dfrac{250}{500}x_面 = \dfrac{1}{2}x_面$;

鸡蛋与面粉用量的关系式为　$y_鸡 = \dfrac{250}{500}x_面 = \dfrac{1}{2}x_面$;

猪油与面粉用量的关系式为　$y_猪 = \dfrac{150}{500}x_面 = \dfrac{3}{10}x_面$;

板油与面粉用量的关系式为　$y_板 = \dfrac{100}{500}x_面 = \dfrac{1}{5}x_面$;

火腿肉与面粉用量的关系式为　$y_火 = \dfrac{100}{500}x_面 = \dfrac{1}{5}x_面$;

鲜菇与面粉用量的关系式为　$y_板 = \dfrac{75}{500}x_面 = \dfrac{3}{20}x_面$;

海米与面粉用量的关系式为　$y_海 = \dfrac{25}{500}x_面 = \dfrac{1}{20}x_面$;

酱油与面粉用量的关系式为　$y_酱 = \dfrac{25}{500}x_面 = \dfrac{1}{20}x_面$;

香油与面粉用量的关系式为　$y_香 = \dfrac{25}{500}x_面 = \dfrac{1}{20}x_面$。

关系式列出来后,不管面粉的用量为多少,其他用料相应的用量都能很顺利地计算出来。

问题中已知面粉 2.5 千克,先将千克换算成克:2.5 千克＝2500 克,代入以上一次函数,可计算出白糖为 1250 克,鸡蛋为 1250 克,猪油为 750 克,板油为 500 克,火腿为 500 克,鲜菇为 375 克,海米为 125 克,酱油为 125 克,香油为 125 克。

如果面粉用量为 3.8 千克,那么白糖、鸡蛋、猪油、板油、火腿肉、鲜菇、海米、酱油、香油的用量各需多少克呢?请同学们自己计算。

王小厨实践

油条的制作,老师给出的用料、用量分别是:面粉 1000 克,明矾 25 克,食用碱

15 克,盐 20 克,清水 600 克,炸油 2500 克。制作的流程是:粉碎巩、碱、盐→和面→扎面→饧面→下剂→成形→熟制。现在某面馆制作油条,准备了 32 千克面粉,请问:该配面粉、明矾、食用碱、清水、炸油各是多少千克?

4.3　一次函数在西点制作中的应用

王小厨点击

情人节快到了,老师教同学们如何制作情人节点心。情人节点心的特点是,以心形为主,色泽艳丽,主题突出,让人一见就能理解对方的用意。心形巧克力用料、用量:纯巧克力 650 克,淡奶油 250 克,橙皮脯 250 克,白糖 150 克,金万利甜酒 100 克。按照工艺流程、制法,在老师的指导下,一个个质地光亮、细腻,橙皮味浓的心形巧克力糖成功地完成了。同学们兴奋之余,就在思考:我该如何熟练地运用老师给我们的配方呢?

张大厨揭秘

配方中的各种用料比例是固定的,它们之间存在一次函数的关系,只要能够建立起关系式,我们就能够熟练地运用配方。

设纯巧克力的用量为 x 克,则有:

淡奶油与纯巧克力用量之间的关系式为　$y_奶 = \dfrac{250}{650}x_巧 = \dfrac{5}{13}x_巧$;

橙皮脯与纯巧克力用量之间的关系式为　$y_橙 = \dfrac{250}{650}x_巧 = \dfrac{5}{13}x_巧$;

金万利甜酒与纯巧克力用量之间的关系式为　$y_酒 = \dfrac{100}{650}x_巧 = \dfrac{2}{13}x_巧$;

白糖与纯巧克力用量之间的关系式为　$y_糖 = \dfrac{150}{650}x_巧 = \dfrac{3}{13}x_巧$ 。

王小厨磨刀

张大厨的点心店在情人节即将到来之际,准备自制心形巧克力糖出售。假设张大厨准备好了纯巧克力 20 千克,按照本文前面给出的心形巧克力配方,则

淡奶油的用量为_____;

橙皮脯的用量为_____;

金万利甜酒的用量为_____;

白糖的用量为_____。

张大厨示范

【例 4.3】　张大厨的点心店现在恰好有 20 千克的橙皮脯,准备根据橙皮脯的量来配齐其他的用量,全部制作成心形巧克力。请根据配方,求:纯巧克力、淡奶油、白糖、金万利甜酒的用量分别是多少?

解　设橙皮脯的用量为 x,

则纯巧克力与橙皮脯用量之间的关系式为　　$y_{巧}=\dfrac{650}{250}x_{橙}=\dfrac{13}{5}x_{橙}$;

淡奶油与橙皮脯用量之间的关系式为　　$y_{奶}=\dfrac{250}{250}x_{橙}=x_{橙}$;

白糖与橙皮脯用量之间的关系式为　　$y_{糖}=\dfrac{150}{250}x_{橙}=\dfrac{3}{5}x_{橙}$;

金万利甜酒与橙皮脯用量之间的关系式为　　$y_{酒}=\dfrac{100}{250}x_{橙}=\dfrac{2}{5}x_{橙}$。

所以,当橙皮脯的用量为 20 千克时,带入上面的一次函数计算得出:

纯巧克力的用量为 52 千克;

淡奶油的用量为 20 千克;

白糖的用量为 12 千克;

金万利甜酒的用量为 8 千克。

答:纯巧克力的用量为 52 千克,淡奶油的用量为 20 千克,白糖的用量为 12 千克,金万利甜酒的用量为 8 千克。

分析:掌握配方的关键就是要掌握各用料之间的一次函数关系。不仅可以用巧克力作为参照点,也可以用淡奶油、橙皮脯、白糖、金万利甜酒中的任意一种用料来作为配方的参照点。

王小厨实践

圣诞布丁的配方为:面粉 2.75 千克,糖粉 0.85 千克,牛油 2.5 千克,软葡萄 6 千克,什锦果脯丁 750 克,橘脯丁、柠檬脯丁 750 克,红绿樱桃脯 750 克,杏仁片 750 克,鸡蛋 750 克,黑啤酒 250 克,柠檬汁 100 克,橘汁 100 克,黑朗姆酒 500 克,豆蔻粉少许,玉桂粉 10 克,精盐 40 克。现在,张大厨的西点店为了迎接圣诞节的到来开始制作圣诞布丁,准备按照面粉 15 千克的用量来配齐其他的用料用量。请计算其他用料的用量分别是多少?

4.4　一次函数在饭店促销中的应用

王小厨点击

　　王小厨和他的师弟赵学厨利用暑假在不同的饭店里实习。暑假淡季,两家饭店为了吸引顾客,分别推出了各自的优惠方案。王小厨所在饭店里的优惠方案是,凡消费超出 100 元的,超出的金额按 90％付。赵学厨所在饭店的优惠方案是,凡消费超过 50 元的,超出的金额按 95％付。王小厨面对赵学厨的竞争,有些疑惑了,到底谁的方案更加优惠呢?

张大厨揭秘

　　由于优惠的范围不同,所以需要根据消费的金额范围来分类讨论,比较谁的方案更加优惠。这个问题体现了一次函数和不等式的知识运用。

　　解　设顾客所消费的金额为 x 元。

　　当 $0 < x \leqslant 50$ 时,可以选择王小厨或者赵学厨所在的任意一家饭店;

　　当 $50 < x \leqslant 100$ 时,赵学厨所在的饭店比较优惠;

　　当 $x > 100$ 时,

　　王小厨所在的饭店实际收的钱为:$y_王 = 100 + (x - 100) \times 90\%$

　　赵学厨所在的饭店实际收的钱为:$y_赵 = 50 + (x - 50) \times 95\%$

　　(1)若 $y_王 < y_赵$,即 $100 + (x - 100) \times 90\% < 50 + (x - 50) \times 95\%$

　　解得 $x > 150$

　　所以,当 $x > 150$ 元时,王小厨所在的饭店比较优惠。

　　(2)若 $y_王 > y_赵$,即 $100 + (x - 100) \times 90\% > 50 + (x - 50) \times 95\%$

　　解得 $x < 150$

　　所以,当 $100 < x < 150$ 元时,在赵学厨所在的饭店比较便宜。

　　(3)若 $y_王 = y_赵$,即 $100 + (x - 100) \times 90\% = 50 + (x - 50) \times 95\%$

　　解得 $x = 150$

　　所以,当 $x = 150$ 元时,可以选择王小厨或者赵学厨所在的任意一家饭店消费。

　　综上所述:顾客如何选择王小厨和赵学厨所在的饭店里消费,可参考如下:

　　(1)当 $0 < x \leqslant 50$ 或 $x = 150$ 时,王小厨或者赵学厨所在的饭店里同等优惠。

　　(2)当 $50 < x < 150$ 时,赵学厨所在的饭店比较优惠。

　　(3)当 $x > 150$ 时,王小厨所在的饭店比较优惠。

　　评注:这是生活中的实际问题,体现了数学知识中的一元一次函数的思维,并涉及了分类讨论的思想,生活中的很多问题都可以抽象成数学的知识模型来解决。

【王小厨实践】

1. 选择一家饭店,调查这家饭店的促销方式,并根据函数的思想去解决它,看看它的促销方式在什么情况下对顾客最有利。

2. 我们经常能看到,各大商场在进行促销活动,请调查某个节日银泰、杭大、利星、解百四家商场的促销活动,并计算一下,哪家商场的促销力度最大。

4.5　二次函数在餐厅营利计算中的应用

【王小厨点击】

一般来说,饭店里每一道菜的销售量都是由多种因素决定的。比如:与菜的味道、菜的价格、饭店的地理位置、饭店所要面对的顾客群的口味等。菜的价格的高低是重要的因素之一。张大厨饭店里的酸菜鱼(鱼 650 克)的总成本价是 12 元/盘,如果按 28 元/盘出售,每天可以卖 20 盘。经过市场调查得知,每盘酸菜鱼的售价如果降价 2 元,每天将多卖 5 盘。那么,张大厨应该将酸菜鱼的价格定在多少时,饭店将获得最大的利润?

【张大厨揭秘】

销售酸菜鱼的总利润＝每盘酸菜鱼的利润×卖出的盘数

假设酸菜鱼的价格降低 $2x$ 元,则每盘酸菜鱼的利润为 $28-2x-12$ 元,卖出的盘数为 $20+5x$,可以建立起每天销售酸菜鱼的总利润 y 与 x 之间的函数关系,即一元二次函数关系式。要求饭店的最大利润,就可转化为求二次函数的最大值问题。

每天饭店销售酸菜鱼的利润为

$$y = (28-2x-12) \times (20+5x)$$
$$= -10x^2 + 40x + 320$$
$$= -10(x-2)^2 + 360$$

当 $x=2$ 时,y 有最大值 $y=360$。

所以,酸菜鱼的价格定在 24 元时,饭店将获得最大的利润。

答:将酸菜鱼的价格定在 24 元时,饭店将获得最大的利润。

【王小厨磨刀】

1. 一元二次函数方程 $y = -2x^2 + 10x + 150$,经过配方化为顶点式方程为 _____。

2. 经过市场调查，某饭店里的尖椒牛柳的价格 x 与每天出售尖椒牛柳所获得的利润 y 的关系式为 $y = -5x^2 + 200x - 1800$，则尖椒牛柳最合适的定价为_____。

3. 某萝卜批发市场，本着薄利多销的原则，让利顾客，但也追求利润最大化。经过市场调查，每天卖萝卜所得的利润 y 与萝卜的价格 x 之间的关系式为 $y = -20x^2 + 32x + 1000$，则萝卜的定价最合适的应为_____。

张大厨示范

【例4.4】 某饭店推出了该店的特色菜水煮牛蛙，每盘的直接成本为14元，根据试销得知：这盘菜每天的销售量 t（盘）与每盘的售价 x（元/盘）可看成是一次函数关系：$t = -x + 56$。那么，该饭店将每盘水煮牛蛙的销售价定为多少时，能获得最大的利润？每天最大的销售利润为多少？

解 饭店每天销售水煮牛蛙的利润是由该盘菜的利润乘以每天销售的盘数所决定。

由题意，销售利润 y 与每盘的销售价 x 之间的函数关系式为

$y = (x - 14)(-x + 56)$

$\quad = -x^2 + 70x - 784$

$\quad = -(x - 35)^2 + 441$

所以，当每盘水煮牛蛙的销售价定为35元时，可取得最大利润，每天最大的销售利润为441元。

答：饭店将每盘水煮牛蛙的销售价定为35元时，可取得最大利润为441元。

王小厨实践

1. 2006年的杭州小吃节于11月份在黄龙体育中心开幕，其中的新疆特色羊肉串，成本为每串2元。如果按每串3元出售，每天可卖10000串。经过调查发现，如果该羊肉串的售价每提高一元，每天将少卖2000串。请问：新疆特色羊肉串的售价应该定在多少时，店家的利润实现最大化？

2. 某饭店退出本店名菜西湖醋鱼，每盘西湖醋鱼的成本为20元，实际调查中发现，西湖醋鱼每天的销量 m（盘）与每盘的销售价 x（元）满足一次函数关系：$m = 162 - 2x$。

（1）写出该饭店卖出的西湖醋鱼每天的销售利润与每件的销售价之间的函数关系式。

（2）如果饭店要想每天获得最大的销售利润，每盘西湖醋鱼的售价定为多少最合适？最大销售利润为多少？

【阅读材料】

控制实体店铺成本六大方法

经营一家店铺的目的应该是获利。但对一位日理万机、杂务缠身的经营者而言，知道今天、今旬、本月的利润有多少呢？假设当同样的 30 万元的月营业额产生时，为何会有 2 万元、5 万元、8 万元的不同利润结果？

"营业额－成本－费用＝利润"是一店铺获利的基本公式，营业额的增加是开源面的探究，成本与费用是节流面的探讨，有了开源的极大化效应与节流的合理性控制，两体并存才可谓是经营永续的达成。

以下对"成本"环节提供经验分享，各餐饮经营者在店务执行中可做自我审视与调整。

一、找出攸关成本的各项组合条件

充分利用"What 咨询法"，把店铺中所有会影响成本的因素，逐条细细列出。如厨师、干部、P－T、厂商、季节（时蔬）、售价、制度、库存方式……再集结相关人等共思良策，并时时保持着"毋恃敌（成本偏高）之不来，而恃吾有以待之"的认真态度。

二、制定标准调理手册

三、建立良好的库存（仓库）管理

从 FITO（First in First out，先进先出）的表格建立使用，到交叉污染的避免，物品的定位置放，湿度、温度（冷藏、冷冻设备）的控制，虫害防治，盘点（日、周、月盘）确实，甚至灭火器的位置、数量以及意外险类的投保，都是库存管理的必备掌握要件。

四、多看、多听、多比较

货比三家不吃亏，更何况经营者本身不应该盲目地身陷战场（店务），而不知外面早已群雄环生、虎视眈眈，欲噬于己的环境衍生。"出走管理"是当下盛行的经营模式，善用此法走走量贩店、百货公司或相关商号，将特价、折价品等适量适物的挪用在自己店内，成本自然可降低。

五、导入奖惩制度

不乏发现店内从业人员大都朝"被动性"的属性偏走时，此制度就得顺势推出（事先可完置备用），达成艰巨定标准就施以奖励（如奖金、礼券、休假……），未达成（须明了原因）则给予薄惩（如减薪、记缺点……）。恩威并施可收较好效益。

六、同业可以为师

此法较适用于连锁加盟行业可透过主会议、联谊活动的请益（教学相长）及总部的资讯来源（当然必须是总部经营数字透明化的条件下），如此则可清楚知道同样经营形态的店铺是如何合理控制成本，进而取长补短地让自己获取更大的利益的。

创业不易，守成更难，举凡能为店铺增加（创造）利润的任一法则都不容忽视不见。

4.6　二次函数图象在"高三拼"中的应用

王小厨点击

很多同学在做"高三拼"的过程中,总是觉得很难做,摆不好。原因是摆起来不对称,容易倒。为什么呢? 在做的过程中应该怎么处理比较好呢? 它跟数学有什么联系呢?

张大厨揭秘

这是一个双拼,请你仔细观察一下,它的切面是一个什么图形? 跟我们数学里的什么图象很接近?

这是一个抛物线形状,既可以看成是顶点在原点,开口向下,对称轴为 y 轴的抛物线;也可以看成是顶点在 y 轴上,开口向下,对称轴为 y 轴的抛物线。它具有如下性质:

(1)关于 y 轴对称。

(2)当 $x<0$ 时,它是增函数;当 $x>0$ 时,它是减函数。

王小厨磨刀

1. 已知一元二次函数 $y=x^2+1$,若 $y=10$,则 $x=$ _____;

2. 已知一元二次函数 $y=-4x^2+10$,若 $y=2$,则 $x=$ _____;

3. 已知抛物线的顶点为 $(0,12)$,对称轴为 y 轴,图象与 x 轴的两个交点为 $(-2,0)$ 和 $(2,0)$,则此抛物线的函数解析式为 _____。

张大厨示范

【例 4.5】　在某一年的烹饪中级工的操作考试中,要求用白切鸡和西式火腿做一个下面开口为 10cm,高为 18cm 的高三拼。

(1)求这个高三拼切面的函数表达式;

(2)王小厨同学准备把每片白切鸡切成 1cm 厚度,问他需要切几片,最下面两片的长度分别是多少?

解　根据已知条件先求出抛物线的方程,即先求出一元二次函数的解析式。已知条件有:①顶点是 $(0,18)$;②与 x 轴的交点分别是 $(-5,0)$ 和 $(5,0)$,开口向下;③对称轴为 y 轴。

(1)因为顶点坐标为 $(0,18)$

所以设二次函数的解析式为 $y = ax^2 + 18$

又因为过点$(5, 0)$

所以 $0 = a \times 5^2 + 18$

$a = -\dfrac{18}{25}$

所以二次函数为 $y = -\dfrac{18}{25}x^2 + 18$

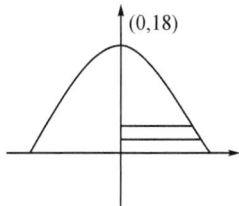

(2)如果每片厚度为1cm,高为18cm,所以每边需要18片,共需要切36片白切鸡,最下面的一片长度为5cm,它上面一片的 y 值是2,求出 x。

因为 $2 = -\dfrac{18}{25}x^2 + 18$

所以 $x = \pm\dfrac{10\sqrt{2}}{3} \approx 4.7\text{cm}$

所以最下面第二片的长度为4.7cm。

答:这个高三拼切面的函数表达式是 $y = -\dfrac{18}{25}x^2 + 18$;他需要切36片,最下面第二片长度为4.7cm,最下面一片长度为5cm。

王小厨实践

王小厨同学要用午餐肉、西式火腿和黄瓜做一个下面开口为10cm,高为8cm的高三拼。求:

(1)该高三拼切面的二次函数表达式。

(2)应该怎么处理原材料,怎么摆放?

第五章　数列的应用

5.1　等差数列在冷菜手法中的应用

王小厨点击

　　最近王小厨在练习冷菜"排"的手法时,常常遇到一个问题:每次切了一些萝卜丁后,有时排到一半,发现萝卜丁还不够,需要再切;有时又一次准备多了,剩余的也都浪费了。于是他想,能不能先把需要用到的萝卜丁个数先计算出来,然后再一次"排"成形呢? 结果,还真让他做到了。

张大厨揭秘

　　可以看出,王小厨把数列的知识学得很到位了。这里,所要用到的就是等差数列的求和问题。

　　如果一个数列从第 2 项起,每一项减去它前面一项所得的差都等于同一个常数,则称这个数列为等差数列。这个常数称为公差,通常用字母 d 表示。

　　等差数列的通项公式:

$$a_n = a_1 + (n-1)d$$

　　等差数列的前 n 项和公式:

$$S_n = \frac{(a_1 + a_n)n}{2} = na_1 + \frac{n(n-1)}{2}d$$

王小厨磨刀

　　大家一起来算一算图片中王小厨"排"的情况:

　　(1)从底部向上数,他"排"了几行?

　　(2)最底下一行的萝卜丁个数是多少?

　　(3)最顶上一行的萝卜丁个数是多少?

　　(4)你能不能把每一层的萝卜丁个数数出来? 他们分别是多少? 把这些数依次写下来,是否是一个等差数列,为什么?

　　(5)王小厨到底用了多少个萝卜丁?

张大厨示范

【例5.1】 王小厨同学初学刀工,他下定决心要苦练刀工一个月(30天),第1天切200个萝卜丁,第2天切250个萝卜丁,第3天切300个,以后每天都比前一天多切50个。请问:

(1)王小厨同学第30天要切多少个萝卜丁?

(2)这一个月王小厨一共切了多少个萝卜丁?

(3)假设一个萝卜可以切560个丁,王小厨这一个月需要用多少个萝卜?

解 这道题目中包含的是等差数列的知识。首项 $a_1 = 200$,公差 $d = 50$,再根据数列的通项公式 $a_n = a_1 + (n-1)d$,以及求和公式 $S_n = \dfrac{(a_1 + a_n)n}{2}$ 计算即可得出结论。

(1)这是等差数列的问题。令 $a_1 = 200$,公差 $d = 50$,第30天王小厨切的萝卜丁为 $a_{30} = 200 + (30-1) \times 50 = 1650$(个)

(2)这一个月王小厨一共切的萝卜丁为 $S_{30} = \dfrac{(200 + 1650)}{2} \times 30 = 27750$(个)

(3)王小厨这一个月共需要的萝卜数为 $\dfrac{27750}{560} \approx 49.6$(个)

所以,王小厨这一个月需要用50个萝卜。

答:王小厨第30天要切1650个萝卜丁;这一个月王小厨一共切了27750个萝卜丁;王小厨一个月需要用50个萝卜。

【例5.2】 王小厨同学在家里练习冷拼方法中的"排",他排出了类似于上图的形状,最顶层为4个萝卜丁,中间每一层都比它上面的一层多4个萝卜丁,最底下一层的萝卜丁为120个。请问:他一共排了多少层? 共用去了多少个萝卜丁?

解 这是一个等差数列的问题。

令 $a_1 = 4$,公差 $d = 4$。设一共有 n 层,则 $a_n = 120$。

根据通项公式 $a_n = a_1 + (n-1)d$,有 $120 = 4 + (n-1) \times 4$,得到 $n = 30$

根据等差求和公式 $S_n = \dfrac{(a_1 + a_n)n}{2}$,有 $S_{30} = \dfrac{4 + 120}{2} \times 30 = 1860$(个)

答:王小厨同学的这个梯形萝卜丁图一共有30层,它一共有1860个萝卜丁。

王小厨实践

1. 如果你今天只买了两个一斤左右的萝卜,按照要求你要用到1cm见方的萝卜丁,去练习冷拼中的"排"的手法,一般都要排5层,第一层一般排一个萝卜丁,以下每层递增一个。请问:你用两个萝卜理论上最多可以排多少个这样的形状?

2. 请回家买两根黄瓜,切成黄瓜丁,用冷拼中"排"的手法,摆出规则的几何图形,然后观察其中的规律,计算该图形中共用了多少个黄瓜丁。

5.2　等比数列在冷菜手法中的应用

王小厨点击

　　王小厨在冷菜课上露了一手,很出色地用"排"的手法把萝卜卷排成了莲花形,赢得了同学们的阵阵掌声。不过,爱思考的王小厨给大家提了一个问题:你们谁知道我到底用了多少个萝卜卷?同学们都哑然了。这时候王小厨告诉大家,不用数,算一下就知道了。

张大厨揭秘

　　如果一个数列从第 2 项起,每一项与它前面一项的比都等于同一个常数,那么这个数列称为等比数列。这个常数称为这个等比数列的公比,通常用字母 q 表示。

　　等比数列的通项公式:

$$a_n = a_1 q^{n-1}$$

　　等比数列的前 n 项和公式:

$$S_n = \frac{a_1(1-q^n)}{1-q} = \frac{a_1 - a_n q}{1-q}$$

王小厨磨刀

　　大家算一算图片中萝卜卷的个数。

　　(1)萝卜卷有三层,第一层是几个?第二层几个?第三层几个?

　　(2)请把各层的数目依次写下来,想一想它们是不是一个等比数列?如果是,为什么?

　　(3)你能计算萝卜卷总共用了多少个吗?

张大厨示范

　　【例5.3】　校技能节比赛,王小厨和赵学厨两人合作完成一盘大型围式双拼,共 9 圈。他们是用胡萝卜和黄瓜切成大小一致的长方形片制作而成的。由内圈到外圈,第一圈用了 18 片长方形片,第二圈用了 36 片,第三圈用了 72 片。按此规律类推,请帮助王小厨和赵学厨计算一下:

　　(1)该围式双拼的最外圈共用了多少片胡萝卜和黄瓜片?

　　(2)胡萝卜和黄瓜片一共切了多少片(假定没有浪费)?

　　解　由内圈到外圈,每一圈用的片数,刚好是一个等比数列:18,36,72,…,

令首项 $a_1=18$，公比 $q=2$，项数 $n=9$。

（1）该围式双拼的最外圈共用的胡萝卜和黄瓜片数 a_9 为

$a_9=a_1q^{9-1}=18\times2^{9-1}=4608（片）$

（2）胡萝卜和黄瓜片一共切的片数为

$S_9=\dfrac{a_1(1-q^9)}{1-q}=\dfrac{18\times(1-2^9)}{1-2}=9198（片）$

答：该围式双拼的最外圈共用了 4608 片胡萝卜和黄瓜片；胡萝卜和黄瓜片一共切了 9198 片。

【例 5.4】 由于王小厨学习勤奋，不仅专业技术学得好，还把文化课也学得很好，期末评优时获得"高二优秀儒厨"的称号。赵学厨很崇拜他，经常蹭在王小厨旁边希望能获得他的一些"学习秘籍"。王小厨也经常很耐心地去帮助他，不过偶尔也喜欢跟他开开玩笑。这天，王小厨一本正经地对赵学厨说："我想跟你做一个 30 天的买卖，你把一个橙子切成 16 瓣，第一天给我一瓣橙子，第二天给我两瓣橙子，第三天给我四瓣，第四天给我八瓣，依次类推，当然我付重金。我每天都付你 100 元。"张大厨想了一下，一斤大概有 5 个橙子，而现在一斤橙子也不过 2 元钱，心想王小厨是不是想逗我，居然会想做这样的傻事，于是立刻同意了这笔买卖。请大家想想他们两个谁在做傻事？

解 依据王小厨的说法，可知 30 天每天需要的橙子瓣数目分别如下：

$1,2,2^2,2^3,2^4,2^5,2^6,\cdots$。

很显然，这是一个等比数列。

它的通项公式为 $a_n=2^{n-1}$。

根据等比数列的求和公式 $S_n=\dfrac{a_1(1-q^n)}{1-q}$，可求出一个月（30 天）赵学厨一共要给王小厨的橙子瓣数为：$S_{30}=\dfrac{1\times(1-2^{30})}{1-2}=2^{30}-1$

按照约定：一个橙子切成 16 瓣，一斤 5 个橙子，赵学厨这一个月共需买橙子 $\dfrac{2^{30}-1}{16\times5}=\dfrac{2^{30}-1}{80}\approx10000000$ 斤，将要花费 $10000000\times2=20000000$（元）。

然而，王小厨一个月一共需要付给赵学厨 $100\times30=3000$（元）。

至此，答案已经显而易见了。

王小厨实践

1. 切一些萝卜丁或黄瓜丁，用"排"的手法排出一些塔形的萝卜（黄瓜）堆，观察其中的规律，运用数列的知识，对其中的丁的数目进行准确计算。

2. 如果王小厨运用冷拼"排"的手法做出的萝卜卷造型共用去了 729 个萝卜卷，其中第一行是 2 个，以下每行的个数是前一行的三倍。请问：总共排了多少行？

3. 王小厨用午餐肉菱形片进行"排"的练习。他最底下一层排了 64 片,由于每向上排一层难度就增加很多,于是只好依次排 32 片、16 片……,最顶上排一片。请问:他共排了多少层？总共用去了多少片菱形片？如果你来试试,看能不能排出来。

5.3　等比数列在拉面制作中的应用

王小厨点击

现在很多同学都参加了专业的各种兴趣小组。王小厨参加了每个周二开展的拉面兴趣小组。今天是他第一次去拉面兴趣小组。刚刚走进面点室,就看到一个师哥在给大家表演拉面。他一边看着表演,一边在盘算着两个问题:

(1)在正常情况下,这样一个揉好的面团最多可以拉几次？

(2)一碗面,一般需要拉几次？

张大厨揭秘

要把一团面粉拉成一条条细细的面条,看上去的确是难以想象,但我们的同学做到了。拉面与数学有什么关系呢？事实上,拉面中蕴含着数学中的等比数列的知识,今天我们就来学一学这拉面中的等比数列。

王小厨磨刀

一团面粉揉成一根粗条,此时条数记作 1；拉 1 次,面条的条数变为 2；拉 2 次,面条的条数变为 4……拉 5 次,面条的条数变为_____；请写出拉第一次到第五次的条数分别是_____；这列数存在什么样的规律,是不是等比数列？如果是等比数列,公比是多少？

张大厨示范

【例 5.5】　正常情况下,若面团直径为 40mm,最细能拉到直径为 1mm,最多需要拉几次？

解　正常情况下,随着拉的次数的增多,面条将会变得越来越细,最终将导致无法再拉下去。根据事实,假设每次所拉的长度相等,(且不计余头),我们得到所拉次数与面条直径关系如下表所示。

拉 1 次	20mm
拉 2 次	$20/\sqrt{2}$mm
拉 3 次	10mm
拉 4 次	$10/\sqrt{2}$mm
拉 5 次	5mm
拉 6 次	$5/\sqrt{2}$mm
拉 7 次	2.5mm

可以看出,每一次与前一次的比值始终等于 $\dfrac{1}{\sqrt{2}}$——面条的直径构成了一个公比 $q=\dfrac{1}{\sqrt{2}}$ 的等比数列。

于是,$a_1=40$,$a_n=1$,$a_n=a_1 q^{n-1}=40\times(\dfrac{1}{\sqrt{2}})^n=1$

当 $n=10$ 时,$(\sqrt{2})^{10}=32$;当 $n=11$ 时,$(\sqrt{2})^{11}=32\sqrt{2}>40$,

所以即使是这么细的面条,从直径为 4cm 开始拉起,也不可能超过 10 次。

答:最多需拉 10 次。

【例 5.6】 一根很长(可以理解为无限长)的细面条,直径为 1mm,如果把它对折 20 次,请问:这根面条会有多粗?

解 对折 1 次为 2mm,对折 2 次为 4mm……这样就构成了一个首项为 2,公比为 $\sqrt{2}$ 的等比数列,则其第 20 项为:

$$a_{20}=a_1\times q^{19}=2\times\sqrt{2}^{19}=2^{10}\sqrt{2}\approx1448(\text{mm})=1.448(\text{m})$$

答:这根面条直径为 1.448m。

王小厨实践

1. 已知一根头发丝的直径为 0.3mm,面团直径为 100mm,如果把面团拉 10 次,请比较面条与头发丝谁更细?(可用计算器)

2. 假设一片纸的厚度为 0.2mm,如果把一张纸对折 100 次,将会有多厚?(可用计算器)

3. 小王同学创业阶段拥有财富 5 万元,经小王同学经营,财富以每年 30% 的速度递增。请问:20 年后,小王大约拥有多少财富?(可用计算器)

5.4　等比数列在烹饪设备折旧率中的应用

王小厨点击

　　王小厨的大伯开了家汤圆店。一天,大伯在考虑成本时,让王小厨帮忙算一算那台和面机的折旧成本。于是,王小厨就仔细询问了这台机器的一些使用情况,很快就把机器的成本计算出来了。这时候,王小厨想,若根据这个折旧率,其实这台机器每月的折旧成本是不一样的,且存在一定的规律。

张大厨揭秘

　　任何一台机器都有其使用年限,而一般餐饮、酒店等商业单位,在计算其成本时,都得把这些机器的折旧成本计算在内。比如厨房间的灶具,一般使用年限为 4 年(家用或使用频率不高的餐饮店的灶具,使用年限为 8 年);又比如上文提到的和面机,一般使用年限是 10 年;等等。

　　所谓折旧率,就是指一个物品在使用一段时间后,其市场价格的变化率。折旧率的计算方法很多,本节的折旧率是根据物品的折旧年限和净残值率(税务上允许净残值率由自己规定在 5% 以内)来计算的。比如一台机器使用年限是 10 年,如果它的净残值率为 3%,那么折旧率为:

$$年折旧率 = \frac{1-净残值率}{10} = \frac{1-3\%}{10} = 9.7\%$$

$$月折旧率 = \frac{年折旧率}{12} = 0.8083\%$$

王小厨磨刀

　　1. 如果一台冰箱的使用年限为 13 年,净残值率为 4%,那么它的年折旧率是 _____;月折旧率是 _____。

　　2. 如果一辆小轿车的使用年限为 8 年,净残值率为 2%,那么它的年折旧率是 _____。若这辆轿车购买时价值为 10 万元,那么这辆车在使用一年后价值变为 _____;使用两年价值变为 _____。

张大厨示范

　　【例 5.7】 某酒店厨房购进了一台保温设备,价值 2 万元,若这台设备的年折旧率为 8%,请计算使用一年后,这台设备的价值是多少? 使用三年后呢? 五年后呢? 若这台设备的使用年限是 12 年,那么在这台设备报废时,它的价值还有多少?

　　解 因为这台设备购买时价值为 2 万元,设备的折旧率是 8%,

所以使用一年后,这台设备的价值是 $20000 \times (1-8\%) = 18400$(元)

使用两年后,这台设备的价值是 $20000 \times (1-8\%)(1-8\%) = 16928$(元)

使用三年后,这台设备的价值是

$20000 \times (1-8\%)(1-8\%)(1-8\%) = 15573.76$(元)

可以看出,在使用过程中,这台设备的价值逐渐降低,这些值可以看成是一个公比为 0.92 的等比数列。

所以使用五年后,这台设备的价值是 $20000 \times (1-8\%)^5 = 13181.63$(元)

若这台设备的使用年限是 12 年,那么使用 12 年后,它的价值是

$20000 \times (1-8\%)^{12} = 7353.33$(元)

答:使用一年后,这台设备的价值是 18400 元;使用三年后,这台设备的价值是 15573.76 元;使用五年后,这台设备的价值是 13181.63 元;这台设备报废时,它的价值还有 7353.33 元。

【例 5.8】 王小厨家附近的一家小餐饮店最近购买了一台已使用了 4 年的二手烘烤设备。这台设备的折旧率是 20%。后来这家餐饮店使用了 2 年后,又以 1000 元再次转手卖了出去。试求:这家餐饮店购买这台设备时的价值为多少? 这台设备未使用前的价值是多少? 若这台机器的净残值率是 1%,请根据本节开头这种折旧率计算方法,考虑一下,这台烘烤设备的使用年限是几年? 根据这个年限,想想看,这家餐饮店在使用时,是不是已经过了使用年限?

解 可以看出,在折旧率是 20% 的情况下,这台烘烤设备在使用后的价值是一个以 $(1-20\%)$ 为公比的等比数列。

假设这家餐饮店购买时这台设备的价值为 x 元,使用 2 年后它的价值为 1000 元,则可成立等式

$x(1-20\%)^2 = 1000$

$x = 1562.5$

由于这家餐饮店购买这台设备时,这台设备已经使用了 4 年,所以若原来的价值为 a 元,那么

$a(1-20\%)^4 = 1562.5$

$a = 3814.7$

假设这台设备的使用年限为七年,则可成立等式

$$年折旧率 = \frac{1-1\%}{t} = 20\%$$

$t = 4.95 \approx 5$

由于这家小餐饮店购买前已使用过 4 年,所以这家餐饮店使用 1 年就到了该报废的时间了。

答:这家餐饮店购买时这台设备的价值为 1562.5 元;这台设备未使用前的价值是 3814.7 元;它的使用年限约是 5 年;这家餐饮店在使用 1 年之后就过了使用年限。

王小厨实践

1. 王小厨家最近买了一辆 10 万元的小轿车,假设综合考虑后这台汽车的年折旧率是 15%,净残值率是 1%,请计算这辆小轿车的使用年限。根据折旧率,推算一下,这辆小轿车在使用 4 年后若卖出,可以卖多少钱?

2. 学校烹饪演示室为配合教学,花 20 万元购进了一套实时演示播放系统。已知这个系统的年折旧率是 8%,使用年限是 6 年。请计算,在使用年限里,每一年这套系统将掉价多少?

3. 一台家用电饭煲的零售价为 560 元,月折旧率为 0.5%。假设每天使用电饭煲两次。请计算第一个月使用这个电饭煲时,每次将要花费多少钱?(假定一个月中每次使用电饭煲的花费相等,一个月按 30 天计算)

5.5　等比数列在茶文化基地利润中的应用

王小厨点击

假期,王小厨和赵学厨一起相约到学校的茶文化基地去实习。平时茶文化基地供学校的教学之用,到了节假日就向社会开放,是人们休闲、喝茶、吃饭的闲适之地。王小厨他们的工作就是在厨房间切配菜。一天,他们听到上灶的两个大厨们说现在茶文化基地的生意是越来越好了,利润基本上月增 2 成,估计不出 3 年,所有投入的成本就可以连本带利收回了。王小厨心里默默想着:随着学校知名度的提升,连学校的茶文化基地也打出了品牌。利润月增 2 成,如果把这些利润依次排下来,这原来也是一个等比数列。根据等比数列的规律,可以推算出任何一个月的利润,甚至还可以知道当初投入了多少成本。

张大厨揭秘

像茶文化基地这样的餐厅、酒店等的利润数据都是可以找到一些规律的。有些酒店老板会对酒店的经营进行规划,需要在多久之后收回成本,于是会制定月收入要达到多少的短期目标;若没有达到,便会努力寻找症结,从而及时调整经营方式或管理方式等。但也有一些不善经营的老板,其不善于长期规划经营目标,更不会从餐厅营业额或者利润中去寻找经营之道。

王小厨磨刀

若将王小厨实践的茶文化基地的第一个月的利润记作 1,按照利润月增 2 成计算,则第 2 个月的利润是_____,第 3 个月的利润是_____,第 5 个月的利润是_____，一年后的利润是_____；这个等比数列的公比是_____；请写出这个数列的通项公式_____。

张大厨示范

【例5.9】　若学校茶文化基地一月份当月的营业额为20万元，计划到12月份当月的营业额翻一番。则求：

(1)每个月的平均增长速度应该是多少？

(2)学校茶文化基地这一年内的总营业额是多少？

解　(1)设每个月的平均增长速度为 x，1月份当月的营业额为20万元，则

2月份当月的营业额为 $20(1+x)$ 万元，

3月份当月的营业额为 $20(1+x)^2$ 万元，

依次类推：到了12月份当月的营业额应该是 $20(1+x)^{11}$ 万元，

根据题意，得 $20(1+x)^{11}=40$，即 $(1+x)^{11}=2$

在方程两边同时取对数，即 $\lg(1+x)^{11}=\lg 2 \Rightarrow 11\lg(1+x)=\lg 2 \Rightarrow \lg(1+x)=\dfrac{\lg 2}{11} \Rightarrow \lg(1+x)\approx 0.0274 \Rightarrow 1+x=10^{0.0274} \Rightarrow x\approx 0.065$

所以，为了使得12月当月的营业额翻一番，则每月平均增长6.5%。

(2)由上可知，这是一个等比数列，要求这一年的总营业额，也就是对这个等比数列求和。

这个数列的第一项 $a_1=20$，公比 $q=1.065$，项数 $n=12$

则这12项的和为 $S_{12}=\dfrac{a_1(1-q^n)}{1-q}=\dfrac{20(1-1.065^{12})}{1-1.065}\approx 347.4$（万元）

所以这一年里总营业额约是347.4万元。

答：每个月的平均增长速度为6.5%；学校茶文化基地这一年内的总营业额是347.4万元。

王小厨实践

1. 王小厨大伯家的汤圆店今年平均每个月的营业额都是按10%增长，请帮大伯计算一下，过几个月，汤圆店的营业额就翻一番了？

2. 王小厨调查得知某酒店年利润增长率是200%，若2000年的年利润是80万元，那么到2008年的年利润是多少？从2000年到2008年的利润总值是多少？

3. 王小厨小叔家准备开一家川菜馆，目前总投资有1000万元，若川菜馆开张后平均每一年利润按照80%增长，请计算几年就可以收回成本？

4. 王小厨家旁边的一家小餐饮店，头三年内的利润都是按照150%的年增长速度在增加，到了第四年由于经营不善开始下滑，并按照80%的年平均速度开始减少利润。请问：这家店几年后开始亏本？

5.6　等比数列在音乐中的应用

王小厨点击

　　王小厨 8 岁的妹妹学习二胡已经有三年了。周末,妹妹在家练习乐曲,她先调弦、试音等,然后开始练习。王小厨看着妹妹灵巧的手指在二胡琴弦上上下游走,每一个悦耳的音符都展现了出来,王小厨看得入神。他在想手指放在哪里才能拉出"7"这个音呢?

张大厨揭秘

　　二胡的调弦是一个很有技巧性的内容,一般没有经验的人是无法把音位定准的。不过只要学过数列,也可以把音位准确地定下来!

　　声音常识

　　(1)物体振动的频率决定了音调的高低:

　　声音是由物体的振动产生的,振动速度越快音调越高,振动速度越慢音调越低(频率的单位为 Hz,例如每秒振动 440 次,就说频率为 440Hz)。

　　对于相同的音调而言,如果声音发出的能量越大,则称这个音很强(响);如果是由不同物体发出的,则会有不同的音色。

　　(2)声音的频率范围:

　　一般而言,人耳所能听到的声音频率极限范围是 20 至 20000Hz,而通常听到的比较舒服的声音频率为 400 至 4000Hz。

　　在音乐中,如果把振动频率为 440Hz 的音定为"1"音,则振动频率为 880Hz 的音定为"$\dot{1}$"音,并且称后面的音比前面的音高一个八度,以此类推;就是说,基本音、高一个八度的音、高两个八度的音……的频率组成一个公比为 2 的等比数列。

　　事实上,最常用的音是在"1"……"$\dot{1}$"一个八度音程内的音。现在的问题是:"1"与"$\dot{1}$"之间的 2、3、4、5、6、7 是如何分配的? 它们的振动频率是多少呢?

　　若标准音"1"的频率是 440Hz,那么"$\dot{1}$"音的振动频率就是 880Hz,在这两个频率数之间再插入 11 个频率数,使各频率成等比数列。取其中的某些频率数为"2"、"3"、"4"、"5"、"6"、"7"音。从而就产生了全音关系与半音关系,见表 5-1 所示。

表 5-1

唱名对照	1	*		*			*		*		*		$\dot{1}$
通　项	a_1	a_2	a_3	a_4	a_5	a_6	a_7	a_8	a_9	a_{10}	a_{11}	a_{12}	a_{13}
唱名频率	440Hz												880Hz

王小厨磨刀

1. 默写等比数列的通项公式：$a_n =$ _____。

2. 在 10 和 20 之间插入 2 个数，使这四个数构成一个等比数列。

(1)求公比。

(2)依次写出这四个数。(保留两位小数)

3. 利用"各音频率计算表格 1"填空：

(1)此等比数列共有 _____ 项。若"1"音设为首项 a_1，那么"i"音为第 _____ 项，"5"音为第 _____ 项。

(2)这个数列的公比 $q =$ _____，则"4"音的频率是 _____。

张大厨示范

【例 5.10】　据声学原理，振动频率与弦长成反比，即弦越短，频率越高，音调越高；反之，弦越长，则频率越低，即音调越低。在二胡中，弦长与频率之间可得到下关系，见表 5-2。

表 5-2

唱　名	1	#2	2	#3	3	4	#5	5	#6	6	#7	7	i
通　项	a_1	a_2	a_3	a_4	a_5	a_6	a_7	a_8	a_9	a_{10}	a_{11}	a_{12}	a_{13}
频　率	440Hz												880Hz
弦　长	全弦 L												半弦 $1/2L$

试求：(1)若全弦发音为"1"，那么"i"的发音弦长与全弦是什么关系？"i"音的发音与全弦是什么关系？

(2)若全弦发音为"1"，那么"4"的发音弦长与全弦是什么关系？

解　(1)因为频率与弦长成反比，"1"频率为 440Hz，弦长为 L；"i"频率为 880Hz，所以"i"的发音弦长与全弦成反比，即弦长为 $1/2L$；"i"的频率是 1760Hz，所以弦长为 $1/4L$。

(2)从表中可以看出，从"1"到"i"共有 13 项，分别记作 $a_1, a_2, \cdots, a_{13}$，要求出中间某一项的弦长，则先要找出频率，然后根据频率的关系求得弦长。

由表中可知：$a_{13} = a_1 q^{12}$，即 $880 = 440 q^{12}$，所以 $q = \sqrt[12]{2}$

"4"的频率 $a_6 = a_1 q^5 = 440 \times (\sqrt[12]{2})^5$

假设"4"的弦长为 x，则 $\dfrac{x}{L} = \dfrac{440}{440 \times (\sqrt[12]{2})^5} \Rightarrow x \approx 0.75L$

所以"4"的弦长为 $0.75L$。

王小厨实践

1. 用计算器计算 $2^{\frac{1}{3}} =$ _____；$2^{\frac{5}{12}} =$ _____。（保留两位小数）

2. 计算"5"音的频率。

3. 计算"♯2"音的频率。

4. 全弦发音为"1"，且全弦长为 L，请计算发音为"5"的弦长。

5. 全弦发音为"1"，且全弦长为 L，请计算发音为"♯2"的弦长。

6. 写一篇关于数学和音乐的感悟。（300 字左右）

【课外阅读】

我们今天所学的在 1 和 $\dot{1}$ 之间插入十一个频率，使它们之间分成了十二份，且各频率之间成等比数列，这种律制称为"十二平均律"。世界上最早在理论上计算出十二平均律的人是我国明代的律学家朱载堉，他在 1581 年之前就已确定了十二平均律，那时称为"新法密律"（1581 年序言）。在欧洲，17 世纪的键盘乐曲已开始要求运用与当时人们的听觉并不太适应的十二平均律。直到 18 世纪，由于转调的发展与调性的扩大，平均律才越来越多地被作曲家应用于作品的实践之中，其中最为著名的是德国音乐家巴赫的《平均律钢琴曲集》，被称为西方音乐的圣经。现在我们听到的所有音乐几乎都是以十二平均律写的，包括流行音乐、爵士音乐和我们的民族音乐，巴赫也因此被后人称为"音乐之父"。

事实上，各个国家、各个地区在不同时期都具有不同的律制。在我国古代，通常采用"三分损益律"，大致是这样的：若全弦定音为 1，那么三分损一（原弦长的三分之二）发音为 5，请比较上述两律制中 5 音发音的联系与区别。而且在我国古代也只有 1，2，3，5，6 五音，也叫做宫、商、角、徵、羽五音，也正因此，才有了"五音不全"这个成语。

5.7　等差、等比数列在员工工资问题中的应用

王小厨点击

假期的一天下午，赵学厨气喘吁吁地跑到王小厨家里，迫不及待地问王小厨："快，快帮我姐姐选选，有两家酒店同时录取了她，可是她不知道去哪一家。"赵学厨的姐姐是他们的学姐，学酒店服务与管理的，7 月份刚刚毕业。于是他便仔细看了看录取学姐的两家酒店的情况介绍。原来这两家酒店其他情况基本相同，除了对员工工资的发放上存在差异。两家酒店对员工的起始工资都是实习工资均为 300 元，但是第一家是以后每月增加 80 元，而第二家却是以后每月按 10% 的平均速度增长。王小厨利用学过的数列知识，很快就告诉了赵学厨该怎么选择了。

张大厨揭秘

现在很多商家或者经营管理者都对员工工资、材料成本等问题采取了一些措施,有的为博取短期内的更大利润,有的为长期留住人才,也有的为求企业的长期发展等。所以,对员工而言,要根据自己的实际情况,合理选择不同的岗位。

就工资而言,它的增长问题可以看成是一个数列问题。

上文中,赵学厨的姐姐遇到的这两家酒店发放的工资问题,一家可以看成是等差数列,另一家可以看成是等比数列。

王小厨磨刀

大家一起来研究一下录取赵学厨姐姐的两家酒店的工资问题。

1. 第一家酒店,起始工资为 300 元,以后每月增加 80 元,则第三个月的工资是_____,第四个月是_____,第五个月是_____。

2. 如果把第一家酒店的工资数据按月份列在一起,这个数列是不是等差出列?_____。如果是等差数列,那么这个数列的第一项是_____,公差是_____,通项公式是_____,3 年后的工资是_____。

3. 第二家酒店,起始工资为 300 元,以后每月按照 10% 的平均速度增长,则第三个月的工资是_____,第四个月是_____,第五个月是_____。

4. 如果把第二家酒店的工资数据按月份列在一起,这个数列是不是等比数列?_____。如果是等比数列,那么这个数列的第一项是_____,公比是_____,通项公式是_____,3 年后的工资是_____。

张大厨示范

【例 5.11】 两家相邻的酒店同时招工,并且它们给出的起始工资都是 960 元。第一家以后每月工资上涨 50 元,第二家以后每月按照 10% 的平均速度增长。如果被两家酒店同时录用的王三只是想做一年以积累经验,那么他选择哪一家酒店工资总数会高一点?

解　第一家酒店的起始工资是 960 元,以后每月上涨 50 元,这是一个等差数列。

$a_1 = 960, d = 50, a_n = a_1 + (n-1)d = 960 + (n-1) \times 50$

如果做一年,则他这一年的工资之和为

$$S_{12} = \frac{(a_1 + a_{12})12}{2} = \frac{[960 + 960 + (12-1) \times 50] \times 12}{2} = 14820(元)$$

第二家酒店的起始工资是 960 元,以后每月按照 10% 的速度增长,这是一个等比数列。

$b_1 = 960, q = 1 + 10\% = 1.1, b_n = b_1 q^{n-1} = 960 \times 1.1^{n-1}$

如果做一年,则他这一年的工资之和为

$$S_{12}=\frac{b_1(1-q^{12})}{1-q}=\frac{960(1-1.1^{12})}{1-1.1}=20528.9(元)$$

看来,如果王三只做一年的话,还是第一家酒店的工资总数高一点。

答:选择第一家酒店工资总数会高一点。

【例 5.12】 王小厨的妈妈是一所中学的教师。一天晚饭后,妈妈对爸爸说:"听说我们要加工资了,好像是计划 5 年内,让我们每个人的工资都翻一番。"这时一旁的王小厨心里又在思考了:平均每年的增长幅度是多少呢?

解 如果以今年的工资为标准,记作 1,5 年后要翻一番,也就是变为 2,可设平均每一年增长 x,则可知,

第 2 年工资为 $1(1+x)$

第 3 年工资为 $1(1+x)(1+x)=1(1+x)^2$

……

可以看出,这是一个等比数列,$a_1=1,q=1+x$,求第 5 项。

$$a_5=1(1+x)^4=2\Rightarrow(1+x)^4=2\Rightarrow\lg(1+x)^4=\lg2\Rightarrow\lg(1+x)=\frac{\lg2}{4}\Rightarrow$$

$1+x=10^{\frac{\lg2}{4}}\approx1.189$

即 $x=0.189$

所以,妈妈他们每年的工资平均增长 18.9% 就可以在 5 年内翻一番了。

答:平均每年的增长幅度是 18.9%。

王小厨实践

1. 如果你将来要开一家餐饮店,计划要在两年内让员工的工资翻一番,那么每个月平均增长多少才能到达目的。

2. 请回家做一个调查,看看并列出自己家庭的月收入情况,并根据近一年来的收入情况用数列的知识预测一下明年的月收入。

3. 茶文化基地有一名员工,他的工资是每月递增 25 元,若他做了 10 个月后,工资变成了 1500 元,请计算一下,他第一个月的工资是多少?

4. 已知一个等比数列的前 3 项和为 $\frac{9}{2}$,第 3 项为 $\frac{3}{2}$。求这个等比数列的前 20 项和。

5. 求数列 $1,-2,4,-8,\cdots$,从第 4 项到第 10 项的和。

5.8　其他数列在冷菜手法中的应用

王小厨在练习冷菜手法时,有一次,他将白萝卜丁排成了一个金字塔形,如图 5-1 所示。排好之后,他数了数每一层的萝卜丁个数分别是:1,4,9,16,25。这时,他又想到最近学的数列。很崇拜王小厨的赵学厨走过来说:"你又在计算个数啊,这个还不简单,他们是一个等比数列,用公式就好了。"王小厨朝他笑笑:"你错了哦,这不是一个等比数列。"

图 5-1

👨‍🍳张大厨揭秘

所谓数列,是指按照一定次序排成的一列数。数列中的每一个数叫做这个数列的项,其中第 1 个数叫做第 1 项,记作 a_1,第 2 个数叫做第 2 项,记作 a_2……第 n 个数叫做第 n 项,记作 a_n……其中的"n"称为该项的序号。

有的数列中,项与项之间可以寻找到一些规律,比如等差数列,项与项之间的规律就是:后一项与前一项的差值是一个常数;比如等比数列,项与项之间的规律就是:后一项与前一项的比值是一个常数。这是数列中很特殊的两类。另外还有一些数列,比如杂技团表演叠罗汉,自下而上各层的人数分别是:3,2,1,1,1;比如"赛尔平斯基地毯"数列是一个构造赛尔平斯基地毯过程的数列,在构造赛尔平斯基地毯的过程中,每次剩下的小正方块的总数依次是 $8,8\times8,8\times8\times8,8\times8\times8\times8,\cdots$;比如斐波那契数列:1,1,2,3,5,8,13,21,34,55,89,$\cdots$;等等。这些也都是有规律的数列,只是他们之间的规律并不和等差数列、等比数列一样是前后项之间的规律,他们的规律有的是几项之间的关系,有的是要和该项的序号产生一定的联系。此外,还有一些数列是很难找到他们各项之间的规律的。

🥄王小厨磨刀

1. 上面王小厨练习摆的这个"金字塔"自上而下每一行的萝卜丁个数分别是:1,4,9,16,25。你能判断这是不是一个数列? 如果是一个数列,你能找到这个数列的规律吗? 你能接着再写几个数吗?

2. "赛尔平斯基地毯"数列是 $8,8\times8,8\times8\times8,8\times8\times8\times8,\cdots$,你能不能找出这个数列的规律是什么? 你能再接着写几个数吗?

　　3. 斐波那契数列是 1,1,2,3,5,8,13,21,34,55,89,…,你能不能找出这个数列的规律？你能再接着写几个数吗？

张大厨示范

【例 5.13】　请写出"赛尔平斯基地毯"数列的第 n 项。

　　解　"赛尔平斯基地毯"数列是 $8,8\times8,8\times8\times8,8\times8\times8\times8,\cdots$。

　　易知,第一项是 8^1,此时序号为 1;

　　第二项是 8^2,此时序号为 2;

　　第三项是 8^3,此时序号为 3;

　　……

　　可以看出这个数列的特点是:始终以 8 为底,指数是序号数。

　　所以第 n 项为 $a_n=8^n$。

　　(所谓通项公式,就是指如果一个数列的第 n 项 a_n 用 n 的一个表达式来表示,那么就把这个表达式叫做通项公式)

【例 5.14】　寻找"斐波那契"数列的关系。

　　解　"斐波那契"数列是 $1,1,2,3,5,8,13,21,34,55,89,\cdots$。

　　可以看出:$1+1=2,1+2=3,2+3=5,3+5=8,5+8=13,8+13=21,13+21=34$

　　即,从第 3 项开始,每一项是它前面两项的和。如果用 b_n 来表示"斐波那契"数列的第 n 项,则有

　　$b_{n+2}=b_{n+1}+b_n,n\in\mathbf{N}$,且 $b_1=1,b_2=1$。

　　(所谓递归公式,就是指如果一个数列的第 n 项能用它前面若干项的表达式来表示,则这个公式称为这个数列的递归公式或递推公式)

【例 5.15】　王小厨在做冷拼训练时,他用午餐肉条排了一个塔形,最顶上一层排了 1×2 条,第二层排了 2×3 条,第三层排了 3×4 条,第四层排了 4×5 条……请算一算,若他能排到第十层,则第十层可以排多少条？请写出通项公式。

　　解　第一层 1×2,序号是 1;

　　第二层 2×3,序号是 2;

　　第三层 3×4,序号是 3;

　　第四层 4×5,序号是 4;

　　……

　　可以看出,每一层的条数都是由两个相邻的整数相乘得到的,其中前一个数恰好是序号。所以,第十层应该是 10×11。

　　通项公式是 $a_n=n(n+1)$。

王小厨实践

1. 请回家练习冷菜手法，用萝卜卷堆一个塔形。按照递推公式：$b_{n+2}=b_{n+1}+2b_n$，$n\in\mathbf{N}$，且 $b_1=1$，$b_2=2$ 来摆。你能说出第 7 行有多少个萝卜卷吗？第 10 行呢？

2. 请写出图 5-2 中每一层菱形片的个数，并找找这个数列的规律。若能写出通项公式或者递推公式，则请写出。

3. 请写出下来数列的第 10 项：

(1)$a_n=3-n$

(2)$b_n=3\times2^n$

(3)$c_n=\dfrac{1}{n(n+1)}$

图 5-2

4. 已知数列的前四项如下，请写出这些数列的通项公式：

(1)$1,\dfrac{1}{8},\dfrac{1}{27},\dfrac{1}{64}$

(2)$2,6,18,54$

(3)$\dfrac{1}{2},\dfrac{2}{3},\dfrac{3}{4},\dfrac{4}{5}$

(4)$1,-1,1,-1$

(5)$10,7,4,1$

(6)$1,-2,4,-8$

第六章　常见几何体与菜肴造型

6.1　常见平面图形的认识

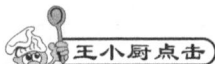

![王小厨点击]

一天,王小厨画了一个图形,问同桌:你能找全这个图里所包含的几何图形吗?同桌找了半天,仍然没有找全,你试试看,能找到哪些图形?

![张大厨揭秘]

平面几何图形是指一些闭合的图形。它既可以由线段构成,也可以由曲线构成。

在初中阶段,我们已经学习了这些基本图形的周长和面积。如:

正方形的周长＝4×边长($C＝4a$)

正方形的面积＝边长×边长($S＝a^2$)

![王小厨磨刀]

长方形的周长＝＿＿＿＿＿＿＿＿＿＿;面积＝＿＿＿＿＿＿＿＿＿＿。

三角形的周长＝＿＿＿＿＿＿＿＿＿＿;面积＝＿＿＿＿＿＿＿＿＿＿。

梯形的周长＝＿＿＿＿＿＿＿＿＿;面积＝＿＿＿＿＿＿＿＿＿＿。

圆的周长＝＿＿＿＿＿＿＿＿＿＿;面积＝＿＿＿＿＿＿＿＿＿＿。

平行四边形的面积＝＿＿＿＿＿＿＿＿＿＿。

★正方形是四条边相等的长方形。

★菱形是四条边相等的平行四边形。

【例 6.1】 如图 6-1 所示,圆内有一个内接的正方形。已知圆的半径为 3。求圆的面积、内切正方形的面积以及阴影部分的面积。

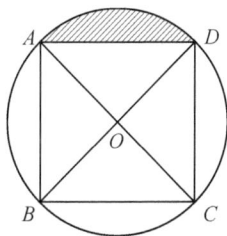

图 6-1

解 因为圆的半径 $r=3$,所以圆的面积$=\pi r^2$

又因为正方形内接于圆,所以正方形的面积可以看成是 4 个完全相等的直角三角形的面积。

所以正方形的面积$=4\times\frac{1}{2}\times3\times3=18$

阴影部分的面积$=\frac{1}{4}$圆的面积—直角三角形的面积$=\frac{1}{4}\times9\pi-\frac{1}{2}\times3\times3$

$=\frac{9\pi-18}{4}$

答:圆的面积是 9π,内切正方形的面积是 18,阴影部分的面积是$\frac{9\pi-18}{4}$。

【例 6.2】 如图 6-2 所示,$ABCD$ 是一个梯形,分别过 A,D 点作高 AE 和 DF,此时,$AEFD$ 是一个正方形。已知 $AE=4$,$BE=1$,三角形 DFC 的面积比三角形 ABE 的面积多 4。试求梯形 $ABCD$ 的面积。

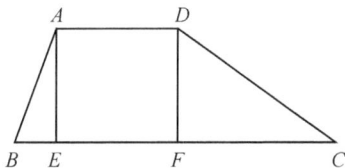

图 6-2

解 因为梯形的面积$=\frac{1}{2}\times$(上底＋下底)×高

由于 $AEFD$ 是一个正方形,所以可知 $AD=AE=DF=EF=4$;

又因为三角形 DFC 的面积比三角形 ABE 的面积多 4,即

$\frac{1}{2}\times CF\times DF-\frac{1}{2}\times BE\times AE=4$,而 $AE=DF=4$

所以,$CF=3$,$BC=1+4+3=8$

所以梯形的面积$=\frac{1}{2}\times(4+8)\times4=24$

答:梯形 $ABCD$ 的面积为 24。

1. 请你画一个面积为 16 的正方形。

2. 已知直角梯形的下底比上底长 2,且上底为 4,高和上底相等。试求这个梯形的面积。

3. 已知圆的直径与正方形的对角线的长度相等,而正方形的面积是 8。试求圆的面积。

4. 请你构造一个由长方形和半圆组成的平面图形,并根据自己构造的长度,求出这个图形的面积。

6.2　直棱柱状的烹饪原料的认识

王小厨点击

最近,王小厨在很用心地练习刀工。闲暇时,把多余的一些边角料切成了各种各样的形状。如图 6-3 所示,大家观察一下,看看他切出来的这些形状有些什么共同点?

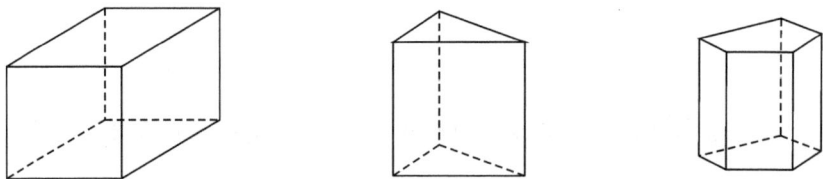

图 6-3

张大厨揭秘

一个多面体如果有两个面互相平行,并且其余各个面都是平行四边形,则称这个多面体为**棱柱**。

两个互相平行的面叫做棱柱的**底面**,其余各个面叫做棱柱的**侧面**,两个侧面的公共边叫做棱柱的**侧棱**,侧面与底面的公共顶点叫做棱柱的**顶点**,不在同一个面上的两个顶点的连线叫做棱柱的**对角线**,两个底面间的距离叫做棱柱的**高**。

侧棱垂直于底面的棱柱叫做**直棱柱**。

棱柱按它的底面形状来分类。底面是三角形的直棱柱叫做**直三棱柱**。底面是四边形的直棱柱叫做**直四棱柱**。底面是正多边形的直棱柱叫做**正棱柱**。底面是平行四边形的棱柱叫做**平行六面体**。侧棱与底面垂直的平行六面体叫做**直平行六面体**。底面为矩形的直平行六面体是**长方体**。棱长都相等的长方体是**正方体**。

把几何体的侧面沿一条侧棱剪开后展开在一个平面上,展开图的面积就是**棱柱的侧面积**。侧面积和两底面面积的和就是**全面积**。几何体占有空间部分的大小叫做它的**体积**。公式如下:

$$S_{直棱柱侧} = ch$$

$$V_{直棱柱} = Sh$$

王小厨磨刀

拿出自己制作的直棱柱,并沿着一条侧棱剪开,如图 6-4 所示。

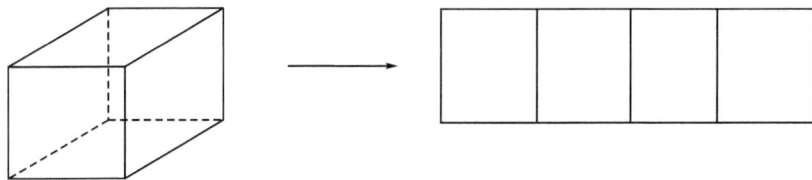

图 6-4

直棱柱的侧面积展开后就是一个长方形,长方形的面积＝_____。可以看出,展开后的长方形的"长"是原来直棱柱的_____,展开后的长方形的"宽"是原来直棱柱的_____,所以,可得直棱柱的侧面积＝_____。

张大厨示范

【例 6.3】　王小厨为了练习刀工,需要事先做一些准备工作:把白萝卜打方。它的形状其实就是长方体。如果他打方成的长方体的底面是正方形,边长为 8cm,高为 10cm。则请计算一下这个长方体的侧面积是多少? 表面积是多少? 体积是多少? 并把你打方后的长方体形状画在纸上。

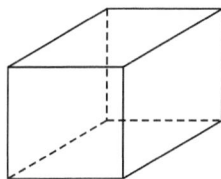

图 6-5

解　长方体的侧面积＝$4\times8\times10=320$(cm^2)

长方体的表面积＝$320+2\times8\times8=448$(cm^2)

长方体的体积＝$8\times8\times10=640$(cm^3)

答:这个长方体的侧面积是 320cm^2,表面积是 448cm^2,体积是 640cm^3,长方体形状如图 6-5 所示。

王小厨实践

1. 王小厨切了一个长、宽、高分别是 2cm,3cm,6cm 的豆腐块。请你帮他计算一下这个豆腐块的侧面积、表面积和体积。

2. 已知一个萝卜打方成长方体后的体积是 192cm^3,它的长、宽分别为 4cm 和 6cm。试求这个萝卜的高和它的全面积。

3. 已知一萝卜打方成长方体后的长、宽、高分别是 8cm,8cm,30cm,现在要求把它切成长、宽、高都是 2cm 的萝卜丁。请问:理论上最多可以切出多少个?

4. 请画一个长、宽、高分别是 4cm,5cm,6cm 的长方体。

5. 已知一个萝卜打方成长方体后的长、宽、高分别是 6cm,8cm,36cm,现在把它沿高线切两刀分成三等份。试求每一个小长方体的全面积。

6.3 圆柱状的烹饪原料的认识

王小厨点击

我们用到的许多原料都呈圆柱体,比如黄瓜、茄子、萝卜、大葱等。有时候为了使配料放进去后显得更加美观,常常在对这些原料的处理上有一定的讲究。所以有时候,我们不妨先计算一下到底需要多少个这样的小原料,而我们又需要准备多少这种食材。

张大厨揭秘

一方面,可以从大致的重量上知晓到底需要多少用量;另一方面,也可以从圆柱体的体积上了解在尽可能不浪费食材的情况下需要多少用量。

以矩形的一边所在的直线为轴,其余三边绕这根轴旋转一周形成的曲面所围成的几何体叫做**圆柱**,如图 6-6 所示。

与轴平行的边的长度叫做**圆柱的高**。

垂直于轴的圆面叫做**圆柱的底面**。

圆柱的**侧面积**是:$S_{圆柱侧} = ch = 2\pi rh$

(c 为底面圆的周长,r 为底面圆的半径,h 为圆柱的高)

圆柱的**全面积**是:$S_{全面积} = 2\pi r^2 + 2\pi rh$

圆柱的**体积**是:$V = S_{底面}h = \pi r^2 h$

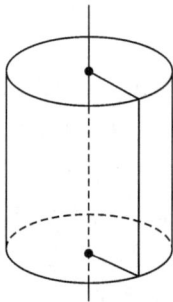

图 6-6

王小厨磨刀

请计算一下直径为 6cm,长度为 18cm 的黄瓜条的体积和侧面积。

张大厨示范

【例 6.4】 我们来计算一下直径为 10cm,长度为 20cm 的白萝卜条的体积和侧面积。问:理论上可以切多少个 2cm 见方的白萝卜丁?

解 直径为 10cm,则半径为 5cm

所以 $V = S_{底面}h = \pi r^2 h = \pi \times 5^2 \times 20 = 500\pi (cm^3)$

$S_{圆柱侧} = ch = 2\pi rh = 2\pi \times 5 \times 20 = 200\pi (cm^2)$

萝卜丁的体积:$V = 2 \times 2 \times 2 = 8 (cm^3)$

所以理论上可以切出白萝卜丁的个数为:$\dfrac{500\pi}{8} \approx 196 (个)$

答:白萝卜条的体积是 $500\pi cm^3$,侧面积是 $200\pi cm^2$。理论上可以切 196 个白萝卜丁。

1. 切出一段 10cm 长的茄子段,并测量一下这个茄子段的直径。求出它的体积和侧面积。

2. 一段黄瓜条长为 16cm,直径为 3cm,问:可以切成厚度为 3mm 的薄片多少片?

3. 测量并计算一下擀面杖的体积。

4. 测量一般竹筒饭所用竹筒的长度和直径,并计算理论上可以盛多少米饭。

6.4　球状的烹饪原料的认识

王小厨点击

王小厨大伯家开的汤圆店生意相当火爆。周末,王小厨去帮忙。正在揉面团的大伯突然问他:"小厨,你懂的知识多,帮我算算看,这块面团大概可以做多少个汤圆? 我们家的汤圆的

大小是很均匀美观的。"小厨很聪明,找来一个牙签和一根细线,利用最近学的圆柱和自己预习的球的知识,很轻松地就解决了这个问题。你知道他是怎么做的吗?

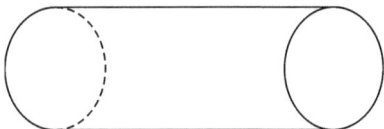

张大厨揭秘

空间中,与一个定点的距离等于常数的所有点的集合称为**球面**,球面围成的几何体叫做**球体**,简称**球**。该定点称为**球心**,连接球心和球面上任意一点的线段叫做**球的半径**,连接球面上的两点并且经过球心的线段叫做**直径**。

定理 1　球面的面积(也叫做球的表面积)等于它的大圆(经过球心的截面)面积的四倍。即 $S_{球面} = 4\pi R^2$(R 是球的半径)。

定理 2　半径为 R 的球的体积是 $V = \dfrac{4}{3}\pi R^3$。

王小厨磨刀

计算一下大家喜欢玩的篮球的体积。

张大厨示范

【例 6.5】　我们来解决本文开头王小厨的那个问题。

解　首先用牙签穿进一个汤圆的面胚,尽可能地经过这个"球心",并在牙签上做上记号,取出牙签,把多余的牙签长度去掉。这样剩下的牙签长度就是球的直径。把这截牙签看成是一个单位长度。用线量出面团(近似于圆柱体,如上图所示)的长度和直径,并量出它们分别是多少个牙签长度。假设长度等于 30 个牙签长度,直径等于 4 个牙签长度。下面就可以计算了。

因为圆柱体的体积为 $\pi(\frac{4}{2})^2 \times 30 = 120\pi$

球的体积为 $\frac{4}{3}\pi 1^2 = \frac{4}{3}\pi$

所以汤圆的个数为 $\dfrac{120\pi}{\frac{4}{3}\pi} = 90$(个)

【例 6.6】　让我们一起来计算一下西瓜盅理论上可以有多大容积。

解　我们把西瓜近似看成一个球。要想得到西瓜的容积,首先得测算出西瓜的内径。用一根线测出大圆的周长,利用圆的周长 $C = 2\pi R$,计算出 R 的大小。接着测出西瓜皮的厚度(假定西瓜皮的厚度处处相等)。假定测量出西瓜的周长 $C = 64.7$ cm,西瓜皮的厚度 $h = 2$cm。则内径 $r = R - h$。下面我们进行计算:

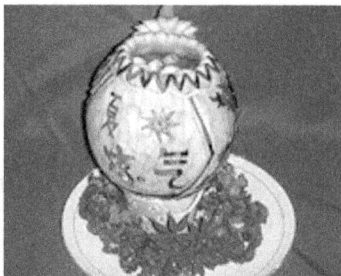

因为圆的周长:$C = 2\pi R = 64.7$cm,得 $R = \dfrac{64.7}{2\pi} = 10.3$(cm)

西瓜内径:$r = R - h = 10.3 - 2 = 8.3$(cm)

所以,这个西瓜盅理论上的容积 $V = \dfrac{4}{3}\pi r^3 \approx 2394$(cm^3)

王小厨实践

1. 经测量,一个鱼圆的直径是 4cm,则它的表面积和体积分别是多少?

2. 若一个球的表面积是 24π,则它的体积为多少?

3. 请你制作一个表面积是 16π 的鱼圆。

4. 若你已经准备好了一个长、宽、高分别是 10cm,12cm,10cm 的长方体形状的面团,请问:你最多可以做多少个直径为 2cm 的汤圆?

5. 若要准备 100 个表面积为 36πcm^2 的丸子,则需要准备直径为 10cm,高为多少的圆柱体面团?

6.5　基本工艺型的形态作图

王小厨点击

最近,王小厨练习刀工颇为勤奋。他深知:磨刀不误砍柴工。

他在练习制作基本工艺型的原料形态时,把各种形态整理了一下,发现它们主要是正方体、长方体、圆柱和球,如图 6-7 所示。

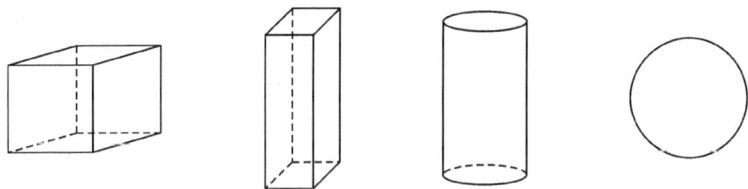

图 6-7

张大厨揭秘

的确,我们在制作基本工艺型的原料形态时,需要用到许多几何形态,因此我们要对这些几何形态的成形规格了如指掌。

1. 丁

丁的形状近似正方体。

丁的成形规格有三种:大丁约 2cm×2cm×2cm,中丁约 1.2cm×1.2cm×1.2cm,小丁约 8mm×8mm×8mm,如图 6-8 所示。

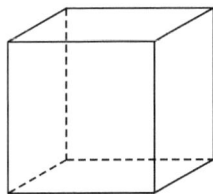

大丁　　　　　　　　中丁　　　　　　　　小丁

图 6-8

2. 粒

粒是小于丁的正方体。

粒的成型规格有两种:大粒约 6mm×6mm×6mm,小粒约 4mm×4mm×4mm,如图 6-9 所示。

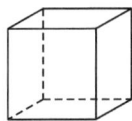

大粒　　小粒

图 6-9

3. 米

米是小于粒的正方体。

米的成型规格是:3mm×3mm×3mm,如图 6-10 所示。

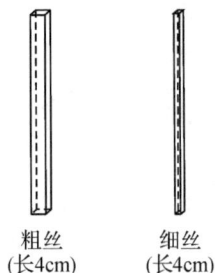

图 6-10

4. 丝

丝呈细条状,可看成长方体(底面为正方形)。

丝的成型规格有两种:粗丝底面边长为 3mm,长为 4～8cm;细丝底面边长小于 3mm,长为 2～4cm,如图 6-11 所示。

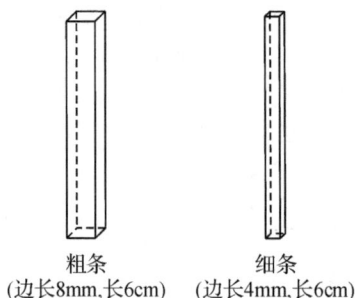

粗丝　　　　细丝　　　　　　　粗条　　　　　　细条
(长4cm)　　(长4cm)　　　(边长8mm,长6cm)　(边长4mm,长6cm)

图 6-11　　　　　　　　　　　图 6-12

5. 条

条比丝粗,形状也可看成是长方体(底面为正方形)。

条的成型规格有两种:粗条(手指条)底面边长为 6～8mm,长为 4～6cm;细条(筷子条)底面边长为 4～5mm,长为 5～7cm,如图 6-12 所示。

6. 段

段比条粗,形状也是长方体(底面为正方形)。

段的成型规格有两种:粗段底面边长约为 1cm,长约 3.5cm;细段底面边长约为 8mm,长约 2.5cm,如图 6-13 所示。

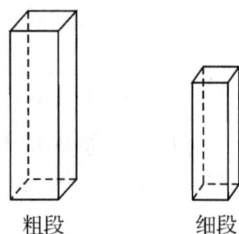

粗段　　　　细段

图 6-13

7. 块

块是立方体(正方、长方和其他多种几何图形),它的形状、大小、厚薄各异,规格也不尽相同。

8. 球

球的成型规格为:大球直径约 2.5cm,小球直径为 1.5～2cm,如图 6-14 所示。

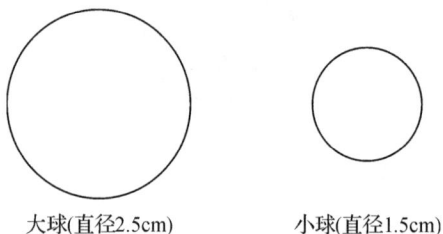

大球(直径2.5cm)　　　　小球(直径1.5cm)

图 6-14

你掌握了上面这些基本工艺型的形态了吗?那么请你默记一下各种形态的大小规格。

王小厨实践

1. 请画一个大丁和一个中丁。
2. 请画一个小粒。
3. 请画一个直径为 8mm，长为 6cm 的粗条。
4. 请画一个细段。
5. 请画一个小球。

6.6 圆柱体原料打方时的最大利用

王小厨点击

一次操作课上，王小厨和两位同学比赛。王小厨说，"我们比赛打方吧，看看谁在同样大的萝卜上切出的长方体更大，并且更节省原材料"。毫无疑问，平时就爱琢磨问题的王小厨获胜了。你知道他是怎么做的吗？

张大厨揭秘

在烹饪的刀工练习中，最常用的原料是豆腐干、土豆、胡萝卜、白萝卜。土豆近似球体，萝卜近似圆柱体。土豆一般用来切成丝，萝卜有时候用来切成丁，有时也用来切成丝。但是不管切成丝或丁，事先都要进行打方处理。那么怎么样处理能够使原料得到最大利用呢？也就是说，怎样能在一个圆面上画出最大的长方形呢？如图 6-15 所示，实际上，只要找出对角线长等于圆直径的正方形就是面积最大的长方形。

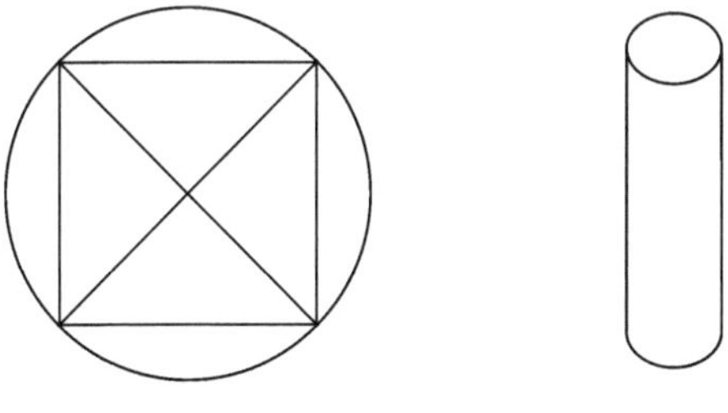

图 6-15

王小厨磨刀

大家各自打方一个萝卜，比较谁打方后的萝卜最大，并算一算你打方后的萝卜的利用率是多少？

【例 6.7】 王小厨练习切萝卜丝,需要先把萝卜切成长方体,再进行切片、切丝。王小厨买了一个底面直径为 8 厘米、长为 30 厘米的圆柱形萝卜,为了最大限度地利用原料,王小厨应该怎样才能从这个萝卜中切出一个最大的长方体出来?

　　分析:要从一个圆柱体中切出一个最大的长方体,很显然,它们的长度是相同的,因此只要让底面最大就行。

　　即求圆中的最大的矩形,如图 6-16 所示。

　　解　设矩形的长为 $x$cm,宽为 $y$cm,

　　则 $x^2+y^2=8^2 \Rightarrow y^2=8^2-x^2$

　　$S=xy \Leftrightarrow S^2=x^2y^2=x^2(64-x^2)=-x^4+64x^2=-(x^2-32)^2+32^2$

图 6-16

　　所以当 $x^2=32$ 即 $x=y=4\sqrt{2}$ 时,S 取最大值是 32cm^2。

　　结论:在圆的所有内接四边形中,正方形面积最大。

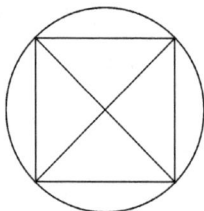

　　自己在家里买一些胡萝卜或者白萝卜,按照下面的要求切成长方体,尽可能充分利用原料。

　　(1)按照自己平时的经验切;

　　(2)用直尺量出胡萝卜或者白萝卜的直径,按照例题的方式精确计算出最大长方体的底面长和宽,再切出长方体。

　　比较两种方法切出的长方体,总结自己的体验。

6.7　轴对称与菜肴美化

　　日常生活中,我们经常能够见到如图 6-17 所示的图形。

图 6-17

　　天平、蝴蝶、树叶这些图形看上去是不是很美呀?它们有没有什么共同的特点?

在数学中,我们把类似这样的图形叫做轴对称图形。那么,到底什么是轴对称图形呢?

先把一张纸对折,在折好的一侧画出图形,按照图形把对折的两部分一起剪下来,再把纸打开,如图 6-18 所示,看一看能得到一个什么样的图形?

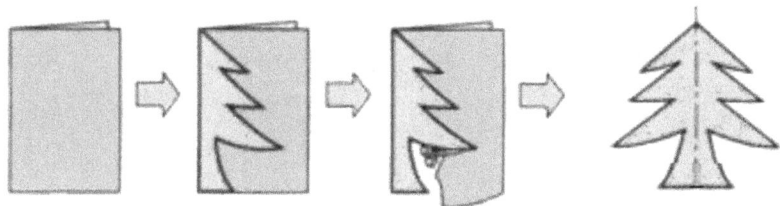

图 6-18

（张大厨揭秘）

上述图形就是轴对称图形,折痕所在的这条直线叫做对称轴。轴对称与对称轴的关系:轴对称是指两个图形沿一条直线对折后完全重合,称两图形关于该直线轴对称,该直线称为对称轴。两者相辅相成,若两图形轴对称,则必有对称轴。

某一图形的两部分沿某一直线对折后完全重合,称该图形为**轴对称图形**。

显然,我们所学过的等腰三角形、等边三角形、等腰梯形、长方形、正方形、圆都是轴对称图形。

对称是构成烹饪图案形式美的一个基本法则,也是图案中所求的重心稳定的一种结构形式。

对称类似均齐,是同形同量的组合,体现了秩序和排列的规律性。如人身上的双耳、双目、上下肢,鸟的翅膀,花木的对生枝叶等,都形成对称、均齐的状态。在烹饪图案中运用对称规律,可达到庄重、平稳、宁静的效果。对称在烹饪工艺造型中应用非常广泛。

（王小厨磨刀）

等腰三角形有_____条对称轴,它的对称轴是_____。

等边三角形有_____条对称轴,它的对称轴是_____。

等腰梯形有_____条对称轴,它的对称轴是_____。

长方形有_____条对称轴,它的对称轴是_____。

正方形有_____条对称轴,它的对称轴是_____。

圆有_____条对称轴,它的对称轴是_____。

张大厨示范

【例6.8】 如图6-19所示,哪些是轴对称图形? 作出对称图形的对称轴,并说明各有几条对称轴。

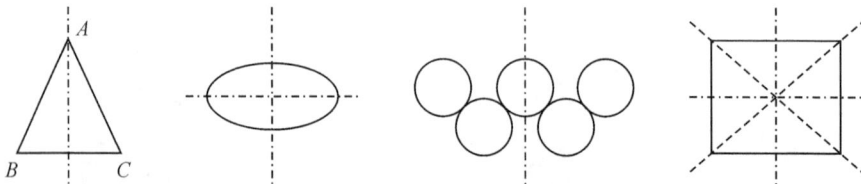

图 6-19

解 等腰三角形、椭圆、奥运五环、正方形都是轴对称图形,它们的对称轴分别有1条、2条、1条、4条。可以看出,轴对称图形的对称轴不一定只有一条。

【例6.9】 如图6-20(1)所示,这是一个什锦拼盘,问:这是不是轴对称图形? 如果是,它有哪几条对称轴? 如果让你做这个什锦拼盘,你会先摆什么?

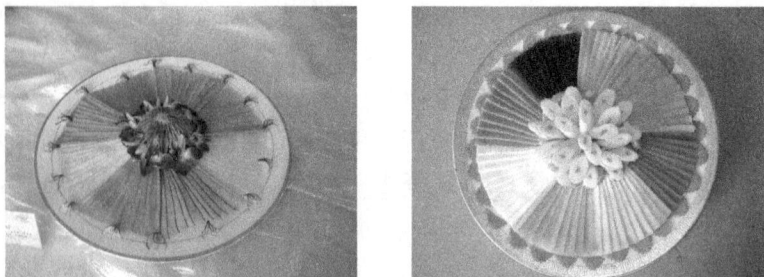

(1)　　　　　　　(2)

图 6-20

解 从盘子的形状来看,这是一个圆盘,圆既是轴对称图形,又是中心对称图形,它的对称轴有无数条,每一条直径都是它的对称轴。

图中的圆进行了8等份,是一个轴对称图形,它有四条直径,所以它有4条对称轴。如果我们要做一个什锦拼盘,比较合理的办法是先在圆盘上拉两条互相垂直的直径,将圆分成4等份,然后再将其中的一份继续2等份,拉直,再拉一条与这条直径垂直的直径,这样就将圆进行了8等份。分好以后再装盘。这样装起来的什锦拼盘就不会旋转起来了。如图6-20(2)中就不对称了,有点旋转起来的感觉,主要原因是它的对称轴只有一条。

王小厨实践

1. 图 6-21 中,不是轴对称图形的是( )。

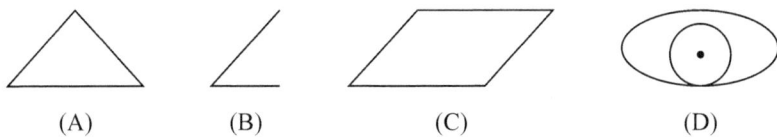

    (A)   (B)   (C)   (D)

图 6-21

2. 图 6-22 中,哪些是轴对称图形?它们分别有几条对称轴?

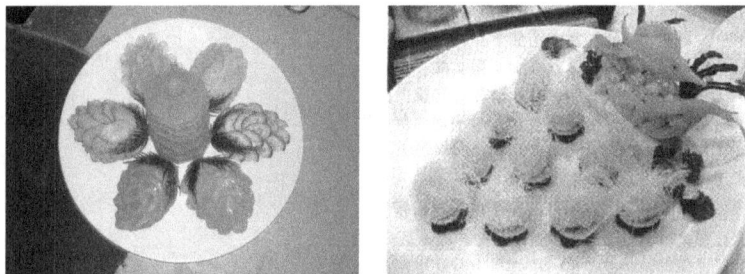

图 6-22

3. 如图 6-23 所示,哪些图形是轴对称图形?找出它们的对称轴。

图 6-23

6.8　中心对称与菜肴美化

![王小厨点击]

请观察下列图形,它们都是轴对称图形吗?

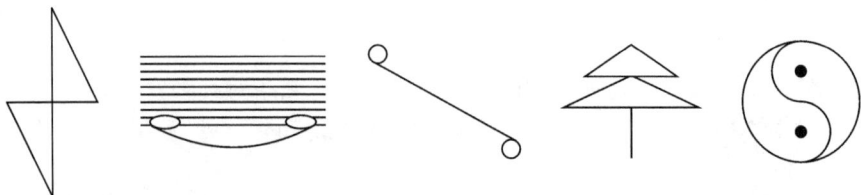

如果某些图形不是轴对称图形,它们是否有什么特征? 它们是否能够通过某种图形运动与自身重合呢?

![张大厨揭秘]

如果一个图形绕着一个点旋转 180°以后,能够和原图形互相重合,那么这个图形叫做**中心对称图形**,这个点是它的**对称中心**。

![王小厨磨刀]

试说出,上述四个图形是不是中心对称图形,如果是,它们的对称中心是什么?

![张大厨示范]

【例 6.10】 图 6-24 的平行四边形 $ABCD$ 是不是中心对称图形? 如果是,对称中心是什么? 正方形、长方形、菱形和圆是不是中心对称图形?

解　对角线 AC 和 BD 的交点是 O。如果图形绕 O 点旋转 180°,那么 A 点转到 C 点的位置,B 点和 D 点也互换了位置,整个图形仍和原来的图形重合,所以平行四边形是中心对称图形,O 点是对称中心。

另外,正方形、长方形、菱形(对称中心都是对角线的交点)和圆(对称中心是圆心)都是中心对称图形。

图 6-24

类似地,如果一个图形绕着一个点 O 旋转后,能够和另外一个原图形互相重合,我们就称这**两个图形关于点 O 成中心对称**。

【例 6.11】 已知△ABC 和点 O,作△$A'B'C'$,使△$A'B'C'$ 与△ABC 关于点 O 成中心对称。

解　作点 A 关于以点 O 为对称中心的对称点 A'。

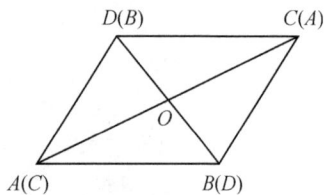

同理：作点 B 关于以点 O 为对称中心的对称点 B'，作点 C 关于以点 O 为对称中心的对称点 C'。

所以 $\triangle A'B'C'$ 与 $\triangle ABC$ 关于点 O 成中心对称，如图 6-25 所示。

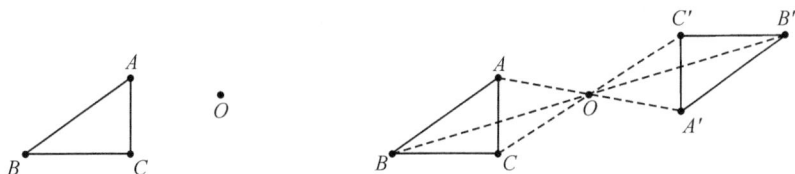

图 6-25

王小厨实践

1. 在下列图形中，是中心对称图形的是（ ）。

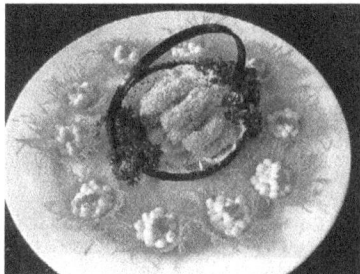

2. 说说下列图案是中心对称图形吗？ 如果是，找出它们的对称中心。 如果不是，判断它们是不是轴对称图形？ 如果是，请找出对称轴。

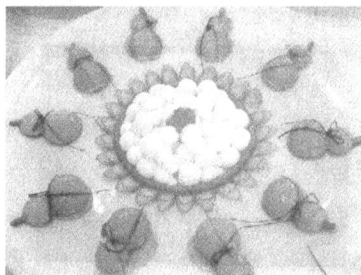

3. 下列图案哪些是中心对称图形？ 哪些是轴对称图形？ 并找出它们的对称中心和对称轴。

4. 已知四边形 $ABCD$ 和点 O，作四边形 $A'B'C'D'$，使四边形 $A'B'C'D'$ 与四边形 $ABCD$ 关于点 O 成中心对称。

5. 画一个图形，要求：所画图形中同时要有正方形和圆，并且这个图形既是轴对称图形又是中心对称图形。

6. 平行四边形和等边三角形都是中心对称图形吗？ 若是，请指出对称中心？

7. 中心对称图形和轴对称图形有什么区别？

中心对称图形	轴对称图形
有一个对称中心——点 图象绕中心旋转 $180°$ 后仍与原图形重合	有一条对称轴——直线 图形的一部分沿对称轴翻折 $180°$，翻折后与另一部分图形重合

8. 你能够列举日常生活中或者与你专业相关的中心对称或者轴对称图形吗？

9. 有下列几何图形：直线、线段、两条相交直线、矩形、菱形、正方形、圆、射线、角、等腰三角形、等边三角形、等腰梯形、平行四边形、不等边三角形、非等腰梯形。请你说说：既是轴对称图形又是中心对称图形的有哪些？ 只是轴对称图形的有哪些？ 只是中心对称图形的有哪些？ 既不是轴对称图形又不是中心对称图形的有哪些？

【阅读材料】

对称是指图形或物体对某一点、直线或平面，在形状、大小、长短和排列等方面都相等或相当，具有一一对应的关系。一般认为，对称是美术和数学方面的问题，其实不然，在日常生活中，在自然界里有许许多多的东西都是对称的。例如有些植物的叶就是对称生长的，昆虫的触角、眼、足，鸟的翅膀，鱼的胸鳍、腹鳍，哺乳动物的眼、耳、足等也都是对称生长的。

烹饪图案主要依附于食品造型之中,它不仅要有生动优美的形象,而且要具有人们所喜闻乐见的艺术形式。内容和形式的辩证统一,是烹饪图案设计所必须遵循的重要法则。因此,研究探讨图案的基本形式和规律是必要的。

烹饪图案中的使用形式美法则,一方面是人们对过去经验的总结,带有规律性;另一方面由于社会不断发展,这些形式美法则也在不断地得到丰富和完善。在烹饪图案设计中,有时我们仅运用一种原理去制作某一图案是不够的,而需要运用多种原理、法则去指导制作,并在运用这些基本理论时,首先要从实际需要出发,灵活而又顺乎规律地去运用这些原理法则。只有把美的规律与实际需要结合起来,与审美的需要以及不用地区、不同民族的需要结合起来,才可能创作出好的烹饪图案纹样。

对称与平衡是构成烹饪图案形式美的又一基本法则,也是图案中求得重心稳定的两种结构形式。

对称类似均齐,是同形同量的组合,体现了秩序和排列的规律性。如人身上的双耳、双目、上下肢,鸟的翅翼,花木的对生枝叶等,都形成对称、均齐的状态。在烹饪图案中运用对称规律,可达到庄重、平稳、宁静的效果。对称在烹饪工艺造型中应用非常广泛,其形式有左右对称、上下对称、斜角对称和多面对称等。平衡是以同量不同形的组合取得均衡稳定的状态。人的运动、鸟兽飞走、植物的生长,要处于平衡状态都需要掌握重心才不致失去常态。它们的特点倾向于变化,与对称相比,容易产生活泼、生动的感觉。在烹饪工艺造型中掌握好上下、左右、对角之间的轻重分量,将对烹饪图案制作起到重要的作用。对称好比天平,而平衡则好比天平的两臂。在烹饪图案应用中,对称和平衡常常是两者结合运用。对称形式条理性强,有统一感,可以得到端正庄严的效果。但如果处理不当,则容易呆板、单调。平衡形式变化较多,可以得到优美活泼的效果。但如果处理不当,则容易造成杂乱。两者相结合运用时,要以一者为主,做到对称中求平衡,平衡中求对称。

6.9　装盘中圆的等分技巧

王小厨点击

课间,王小厨把切成圆片的白萝卜片分成二等份、三等份、四等份、五等份、六等份、八等份、十等份、十二等份。一旁的赵学厨迷惑不解。冥思之间,王小厨又把番茄分成了六等份,摆成了莲花状。原来王小厨是在寻找把圆等分的技巧呢。

张大厨揭秘

在烹饪的拼盘中,经常会出现要把盘子进行等分,比如什锦总盘、荷花总盘等,人们在摆放的过程中,常常凭着经验。其实可以用数学上圆的等分知识来精确计算和摆放。

1. 在圆盘的外围均匀摆放 2 朵萝卜花,你能很精确地摆出来吗？如果是 4 朵呢？8 朵呢？

2. 试试摆如图 6-26 所示的冷盘。看看你摆的是否均匀和熟练。

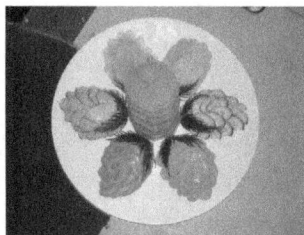

图 6-26

【例 6.12】　一般在圆盘中摆放冷菜最常见的做法之一就是将它摆成六瓣花朵状。初学时,首先要准确地找准圆的六个等分点。试精确确定圆的六等分点。

解　我们不妨将圆心定在直角坐标的中心处。如图 6-27所示,先确定圆的三等分点,根据圆的对称性,就可以确定六等分点了。

我们先来计算将圆三等分之后的情况,实际上每一段圆弧对应的圆心角是 120°,

即 $\angle AOC = \angle AOB = \angle BOC = 120°$

于是可知,$\angle AOG = 60°$

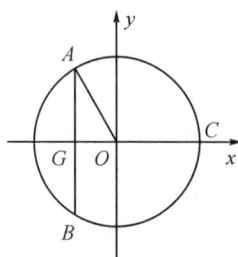

图 6-27

故,在直角三角形 AGO 中,$AO = 2OG$,即 OG 的长度是圆半径的一半。

所以这样给出了三等分圆的一个方法:如图 6-28 所示,在圆周上任取一点 C 作为三等分点的第一个点;过 C 点作圆的直径,并作另一条垂直于这条直径的直线,交点为圆心 O,然后在过 C 点的直径的另一端的半径上取中点 G,过 G 点作垂直于这条半径的直线交圆于 A、B 两点,即为另外两个三等分点。

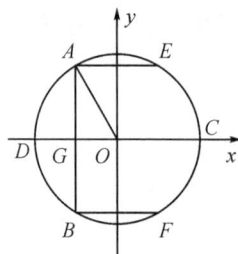

图 6-28

六等分圆即在三等分圆的基础上进行。因为圆有对称性,C 点对称过来的为 D 点,A 点对称过来的为 E 点,B 点对称过来的为 F 点。

1. 你能在圆周上很精确地确定五等分点吗？

2. 运用今天学的圆的等分知识,回家练习做什锦总盘和荷花总盘。将优秀的作品拍照在班级的学菜园中进行展示。

第七章　排列组合的应用

7.1　加法原理与乘法原理

王小厨点击

在设置菜单、完成热菜制作的一些步骤等方面,王小厨总是会遇到一些问题。比如,买回来一些原料,理论上,到底可以制作多少道不同的菜肴? 比如,设置了 10 道菜,到底可以有多少种不同的菜单设计呢? 比如,从优秀的雕刻作品里选择一些去参加比赛,理论上可以有多少种选择呢? 类似这些很多问题,时常困扰着王小厨。

张大厨揭秘

加法原理:做一件事,完成它可以有 n 类办法,在第一类办法中有 m_1 种不同的方法,在第二类办法中有 m_2 种不同的方法……在第 n 类办法中有 m_n 种不同的方法。那么完成这件事共有 $N=m_1+m_2+\cdots+m_n$ 种不同的方法。

乘法原理:做一件事,完成它需要分成 n 个步骤,做第一步有 m_1 种不同的方法,做第二步有 m_2 种不同的方法……做第 n 步有 m_n 种不同的方法。那么完成这件事共有 $N=m_1\times m_2\times\cdots\times m_n$ 种不同的方法。

王小厨磨刀

王小厨有 4 根不同的擀面杖和 6 把不同的雕刻刀。

(1)从中任取一件物品,有多少种不同的取法?

(2)从中任取擀面杖和雕刻刀各一件,有多少种不同的取法?

张大厨示范

【例 7.1】　书架上层放有 6 本不同的菜谱,下层放有 5 本不同的烹调技艺书。

(1)从中任取一本,有多少种不同的取法?

(2)从中任取菜谱与烹调技艺书各一本,有多少种不同的取法?

解　(1)从书架上任取一本书,有两类办法:第一类办法是从上层取菜谱,可以从 6 本书中任取一本,有 6 种方法;第二类办法是从下层取烹调技艺书,可以从 5 本书中任取一本,有 5 种方法。根据加法原理,得到不同的取法的种数是 $N=6+5=11$。

（2）从书架上任取菜谱与烹调技艺书各一本,可以分成两个步骤完成:第一步取一本菜谱,有 6 种方法;第二步取一本烹调技艺书,有 5 种方法。根据乘法原理,得到不同的取法的种数 $N=6\times5=30$。

答:从书架上任取一本书,有 11 种不同的取法。从书架上取菜谱与烹调技艺书各一本,有 30 种不同的取法。

【**例 7.2**】　甲地到乙地的路线图如图 7-1 所示,你知道从甲地去乙地到底有多少种不同的路线?

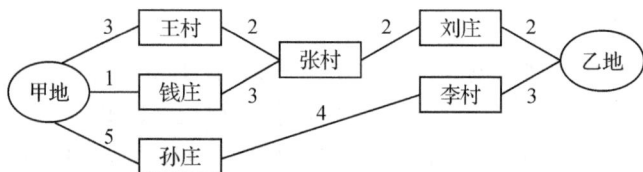

图 7-1

解　从甲地到乙地,可分为这样几条路线:

(1)甲地——王村——张村——刘庄——乙地

(2)甲地——钱庄——张村——刘庄——乙地

(3)甲地——孙庄——李村——乙地

这几条路线,各自独立,并且都能够完成这件事。

所以做这件事,分成这样三类。只需要计算每一类的数目,最后求这几类的数目之和即可。

对于每一类,都不是一步可以完成的。

(1)在这一类里,分成了四步。所以从甲地去乙地的方法数为 $3\times2\times2\times2=24$(种)

(2)在这一类里,也分成了四步,所以从甲地去乙地的方法数为 $1\times3\times2\times2=12$(种)

(3)在这一类里,分成了三步,所以从甲地去乙地的方法数为 $5\times4\times3=60$(种)

所以从甲地去乙地总共可以有 $24+12+60=96$(种)方法。

答:从甲地去乙地有 96 种不同的路线。

王小厨实践

1. 在原料中,可以分为脆性材料,如白萝卜、土豆、黄瓜、胡萝卜、冬笋等;韧性材料,如猪里脊肉、鸡脯肉、牛腿肉等;软性材料,如豆腐干、午餐肉、猪肝、蛋黄糕等;其他材料,如骨头、面包等。王小厨准备从上述列举出来的原料中选择一种来练习刀工,那么他有多少种选择? 如果要从上述列举出来的每一类原料中各选择一种来练习刀工,则有多少种选择呢?

2. 王小厨从甲地到乙地有 2 条路可通,从乙地到丙地有 3 条路可通;从甲地到丁地有 4 条路可通,从丁地到丙地有 2 条路可通。问:从甲地到丙地共有多少种不同的走法?

3. 北京、上海、广州三个民航站之间的直达航线需要准备多少种不同的机票?

4. 由数字 1,2,3 可以组成多少个无重复数字的二位数? 请一一列出。

7.2　乘法原理与计算机中的汉字输入

王小厨点击

某天计算机课上,王小厨和赵学厨比赛打字,王小厨习惯用拼音输入法,而赵学厨喜欢用五笔输入法,其实他们俩按键的速度差不多,但是打文字速度总是赵学厨快。王小厨感到非常困惑,你能帮助他找到原因吗?

张大厨揭秘

这可以用刚刚学过的排列组合中的乘法原理来理解。

王小厨磨刀

1. 汉字字库中,常用字有 3755 个,次常用字为 3008 个,共 6763 个汉字。

2. 在汉语拼音中,有几个声母? 有几个韵母?

3. 在五笔输入法,一级简码有几个?

张大厨示范

【例 7.3】　在汉语拼音中,理论上可以组合成多少个音节?

解　在汉语拼音中,音节的构成是"声母+韵母",那么理论上可以组合成多少个音节呢? 可以利用乘法原理计算出来。

音节理论上有 $22 \times 39 = 858$(个)。

实际中,有大量的声母与韵母是不能拼的,如:j+u、z+ing 等,一般说法是,音节只有 411 个。

所以实际上,在拼音输入法中,每输入一个音节,对应的汉字则为 6763/411 = 16(个)

如读"yi"的就有 135 个,而读"qi"的也有 85 个。

【例 7.4】　在五笔输入法中,理论上二级简码有多少个? 三级简码有多少个?

解　二级简码是由两个一级简码构成的,三级简码是由三个一级简码构成的,所以,理论上,二级简码应该为 $25×25＝625$(个),三级简码应该为 $25×25×25＝15625$(个)。

实际上,二级简码略少于 625 个,假设为 600 个,而三级简码约有 3000 个,于是,可以输入的简码大概有 $25＋600＋3000＝3625$(个),此时,每输入一个简码对应的汉字为 $6763/3625＝2$(个)。

评注:由例 1 和例 2 的分析,可以看出,在同等按键速度的情况下,拼音输入法要比五笔输入法慢,慢的原因不在于个人打字速度,而在于电脑的选择速度上。

王小厨实践

1. 举出一个生活中的例子,并采用乘法原理解释它。
2. 如果要你来设计一种输入法,你会怎样设计呢? 简要叙述你的设计方案。

7.3　排列与组合的概念

王小厨点击

一次课前王小厨和班级里的同学进行着热烈的辩论:

(1)我们班现在有 50 名同学,要从中选出 5 人组成班委会,共有多少种选法?

(2)我们班现在有 50 名同学,要从中选出 5 人组成班委会,并且明确分工:班长、副班长、学习委员、生活委员、文体委员各一人。共有多少种选法?

这两个问题有没有区别?

王小厨很机灵,他说,我们先从以下两个问题研究一下吧。

(1)从小明、小亮、小刚 3 名同学中选出 2 人组成班委成员,共有多少种选法?

从这 3 个人中选 2 个人出来,可以是:小明,小亮;小明,小刚;小亮,小刚。共有 3 种选法。

(2)从小明、小亮、小刚 3 名同学中选出一名班长和一名副班长,有多少种选法?

班　长	小明	小明	小亮	小亮	小刚	小刚
副班长	小亮	小刚	小明	小刚	小明	小亮

由这个表格看出,共有 6 种选法。

这个例子的特点是:选出的 2 人中,谁是班长,谁是副班长,要加以区分,即要排一个次序。

張大厨揭秘

从上面的例子我们抽象出一类计数问题。即

组合：从 n 个不同的元素中，任取 $m(m \leqslant n)$ 个不同元素，组成一组，叫做从 n 个不同元素中取出 m 个不同元素的一个组合。

研究从 n 个不同元素中取出 $m(m \leqslant n)$ 个不同元素的组合共有多少个，这类计数问题叫做**组合问题**。

排列：从 n 个不同的元素中，任取 $m(m \leqslant n)$ 个不同元素，按照一定的次序排成一列，叫做从 n 个不同元素中取出 m 个不同元素的一个排列。

如果 $m < n$，那么从 n 个不同元素中取出 m 个不同元素的排列，叫做**选排列**。如果 $m = n$，即从 n 个不同元素中取出所有 n 个元素的排列叫做**全排列**。

研究从 n 个不同元素中取出 $m(m \leqslant n)$ 个不同元素的排列共有多少个，这类计数问题叫做**排列问题**。

一般地，从 n 个不同元素中取出 $m(m \leqslant n)$ 个不同元素的所有组合的个数，叫做从 n 个不同元素中取出 m 个不同元素的**组合数**，用符号 C_n^m 表示。

一般地，从 n 个不同元素中取出 $m(m \leqslant n)$ 个不同元素的所有排列的个数，叫做从 n 个不同元素中取出 m 个不同元素的**排列数**，用符号 P_n^m 表示。

王小厨磨刀

判断本节开头的那两个问题是排列问题还是组合问题，并用排列数或者组合数表示出来。

张大厨示范

【例 7.5】 下列问题哪些是排列问题？哪些是组合问题？并用排列数或者组合数表示出来。

(1)某厨房间有 12 名厨师，从中选派 4 名厨师去参加烹饪大赛，有多少种派法？

(2)某厨房间有 12 名厨师，从中选派 4 名厨师分别去参加冷菜、热菜、面点、雕刻的比赛，每个项目一名厨师，有多少种派法？

(3)用 1～9 这九个数字可以组成多少个没有重复数字的四位数？

(4)从 1～9 这九个数字中选出四个数字，共有多少种选择？

解　(1)从 12 名厨师中选派 4 名厨师参赛，只需要选出来，而不需要分次序。所以这是一个组合问题。用组合数表示为 C_{12}^4。

(2)从 12 名厨师中选派 4 名厨师参赛，选出来后，还需要进行冷菜、热菜、面点、雕刻的分工，即选出后的这 4 个人是有次序的。所以这是一个排列问题。用排

列数表示为 P_{12}^4。

（3）用 1～9 这九个数字组成无重复的四位数，即从这九个数字中先选出四个数字，然后在千位、百位、十位、个位上依次排列出来。所以这个问题是排列问题。用排列数表示为 P_9^4。

（4）从 1～9 这九个数字中选出四个数字，选出后没有任何要求，即选出的数字没有次序。所以这是一个组合问题。用组合数表示为 C_9^4。

王小厨实践

1. 下列问题哪些是排列问题？哪些是组合问题？如果是排列问题，说一说哪些是全排列问题？并请用排列数和组合数的符号表示。

（1）某医院有 15 名医生，从中选派 3 名医生给一所学校的学生做体检，共有多少种选法？

（2）某学校高二年级烹饪专业有 150 名学生，从中选出 5 人去参加面点比赛，有多少种选法？

（3）王小厨小组共有 6 个人，现在要选出一名组长和一名副组长，有多少种选法？

（4）张大厨师生 5 人排成一排照全身相，试问可照出多少种不同的照片（不考虑姿势的不同）？

（5）某段铁路上有 6 个车站，共需要准备多少种普通硬座客票？

（6）从 100 个馒头中任意拿出 3 个馒头出来检测，则有多少种挑选方法？

2. 同桌之间互相写 5 个问题，并互相回答是排列问题还是组合问题。

7.4　排列数的计算

王小厨点击

一个周末王小厨家里来了两个客人，妈妈让他做份菜单，以备晚上去招待客人。王小厨想：除了冷菜和水果之外，最重要的要属热菜了。不过当他把热菜列出了钱江肉丝、西湖醋鱼和冬茸白兰这 3 个之后，又想：如果就拿这 3 个热菜来列菜单的话也有好几种秩序。如钱江肉丝、西湖醋鱼、冬茸白兰，西湖醋鱼、钱江肉丝、冬茸白兰……如果我想出了 6 个菜，用其中的 5 个菜进行编排菜单呢？岂不是更多，但到底是多少，难道需要一个一个地列出来吗？有没有更好的计算办法呢？

张大厨揭秘

的确可以有更好的办法。下面我们来研究一下。

从 n 个不同元素中取出 $m(m{\leqslant}n)$ 个不同元素的一个排列,可以分成 m 步来完成:第一步,确定第一个位置的元素,有 n 种取法;第二步,对于第一步的每一种取法,确定第二个位置的元素,这时剩下 $n-1$ 个元素,因此有 $n-1$ 种取法;第三步,对于第一、二个位置已经选好的每一对元素,确定第三个位置的元素,这时剩下 $n-2$ 个元素,因此有 $n-2$ 种取法……第 m 步,对于第一至第 $m-1$ 个位置已经选好的每一组元素,确定第 m 个位置的元素,这时剩下 $n-(m-1)$ 个元素,因此有 $n-m+1$ 种取法。

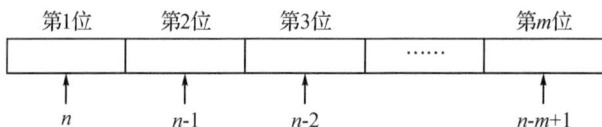

第1位	第2位	第3位	……	第m位
n	$n-1$	$n-2$		$n-m+1$

根据乘法原理得到,从 n 个不同元素中取出 $m(m{\leqslant}n)$ 个不同元素的所有排列的个数 P_n^m 为

$$P_n^m=n(n-1)(n-2)\cdots(n-m+1),(m{\leqslant}n) \tag{1}$$

公式特点:左边第一个因数是 n,后面的每个因数都比它前面一个因数少 1,最后一个因数为 $n-m+1$,共有 m 个因数相乘。

当 $m=n$ 时,由公式(1)得

$$P_n^n=n(n-1)(n-2)\cdots1 \tag{2}$$

(2)式右端是自然数 1 到 n 的连乘积,叫做 **n 的阶乘**,记做 $n!$。于是公式(2)可以写成

$$P_n^n=n! \tag{3}$$

即,n 个不同元素的全排列的总数(简称为全排列数)等于 $n!$。

当 $m<n$ 时,排列数公式可以写成

$$P_n^m=n(n-1)(n-2)\cdots(n-m+1) \tag{4}$$

规定 $0!=1$。

王小厨磨刀

计算本文开头王小厨的问题中的两个排列数。

张大厨示范

【例 7.6】 用 $1,2,\cdots,9$ 这九个数字,可以组成多少个没有重复数字的四位数?

解　从 $1,2,\cdots,9$ 这九个数字中取出四个不同数字的排列数为 $P_9^4=9\times8\times7\times6=3024$

因此用 $1,2,\cdots,9$ 这九个数字可以组成 3024 个没有重复数字的四位数。

（如果本题中把数字改成 $0,1,2,\cdots,9$ 这十个数字，结果又如何呢）

王小厨实践

1. 由数字 $1,2,3$ 可以组成多少个没有重复数字的三位数？写出所有这样的三位数。

2. 计算：

(1) P_3^2　　　　　　　　(2) P_5^3　　　　　　　　(3) P_5^4

(4) $P_3^1 + P_3^2 + P_3^3$　　　　(5) $3!$　　　　　　　(6) $6!$

3. 某学校高二(1)班的班委会 5 名同学中，选出 1 名班长和 1 名副班长，有多少种选法？

4. 5 名同学站成一排照全身相，试问：可照出多少种不同的照片（不考虑姿势的不同）？

5. 用 $1\sim 9$ 这九个数字可以组成多少个没有重复数字的三位数。

7.5　组合数的计算

王小厨点击

王小厨很喜欢上热菜课，也很喜欢探索。一次课上，老师让他们自备 5 种原料做几道自选菜。看着自己桌上的土豆、大葱、里脊肉、青椒和扁豆，王小厨想，如果我选用两种原料，在不考虑原料的搭配上，到底可以做出几道菜？他考虑了一下，得出了答案；又一想，如果我选用三种原料呢？四种原料呢？

张大厨揭秘

王小厨的问题，实际上就是求 C_n^m（其中 $m \leqslant n$）的问题，我们首先利用前面学习的知识用两种方法来计算 P_n^m。

方法一：在前面，我们已经算出

$$P_n^m = n(n-1)(n-2)\cdots(n-m+1) \qquad\qquad (1)$$

方法二：从 n 个不同元素中取出 m 个不同元素的一个排列，可以分两步来完成：第一步，从这 n 个元素中取出 m 个元素组成一组，则有 C_n^m 种取法；第二步，对于这每一种取法，把这一组的 m 个元素按照一定次序排成一排，则有 $P_m^m = m!$ 种取法。根据分步计数原理得到，从 n 个不同元素中取出 m 个不同元素的所有排列的个数为

$$P_n^m = C_n^m m!　　　　　　(2)$$

由(1)、(2)两式得

$$C_n^m m! = n(n-1)(n-2)\cdots(n-m+1)$$

由此可得

$$C_n^m = \frac{n(n-1)(n-2)\cdots(n-m+1)}{m!}　　　　(3)$$

这个公式称为组合数公式。

（王小厨磨刀）

大家一起来计算本文开头王小厨的问题,即求 C_5^2, C_5^3, C_5^4。

（张大厨示范）

【例7.7】 某学校烹饪专业有 6 个班,每个班组织一个篮球队进行班际比赛,每班的篮球队要与其他 5 个班分别比赛一场,试问:总共要进行多少场比赛?

解 每一场篮球比赛有两个队参加,这两个队组成一组,并且只需要比赛一场,他们不分先后。因此这是一个组合问题。从 6 个班中选出 2 个班即可。

所以进行比赛的场数等于组合数:

$$C_6^2 = \frac{6 \times 5}{2 \times 1} = 15$$

即总共要进行 15 场比赛。

答:总共要进行 15 场比赛。

【例7.8】 瓶装牛奶上柜前都要进行一系列的检测。比如光明 250 毫升盒装鲜牛奶,上柜前要检测各种营养物质成分是否达标,上柜后仍会进行抽样检测,比如检测蛋白质含量是否符合国家 2.95％ 的标准等。假设有 100 盒鲜牛奶中有 2 盒的蛋白质含量没有达到国家标准,现在在任意抽取 3 盒进行检测,那么

(1)抽取的 3 盒牛奶中蛋白质含量全部达标的抽取方法有多少种?

(2)抽取的 3 盒牛奶中蛋白质含量只有一盒不达标的抽取方法有多少种?

(3)抽取的 3 盒牛奶中蛋白质含量最多只有一盒不达标的抽取方法有多少种?

解 根据分析,抽样检测的牛奶总数为 100 盒,2 盒蛋白质含量不达标,98 盒达标。

(1)抽取的 3 盒蛋白质含量全部达标,也就是这 3 盒牛奶是从达标的 98 盒中选出来的。所以方法数有

$$C_{98}^3 = \frac{98 \times 97 \times 96}{3 \times 2 \times 1} = 152096$$

（2）抽取的 3 盒牛奶中蛋白质含量只有 1 盒不达标，说明这 3 盒牛奶是从达标的 98 盒中选出了 2 盒，从没达标的 2 盒牛奶中选出了 1 盒。也就是"抽取 3 盒检测"这件事分成两个步骤：

第一步从 2 盒没达标的牛奶中选出了 1 盒，有 $C_2^1 = \dfrac{2}{1} = 2$（种）方法；

第二步从 98 盒达标的牛奶中选出了 2 盒，有 $C_{98}^2 = \dfrac{98 \times 97}{2 \times 1} = 4753$（种）方法。

所以抽取的 3 盒牛奶中蛋白质含量只有一盒不达标的抽取方法有 $4753 \times 2 = 9506$（种）方法。

（3）抽取的 3 盒牛奶中蛋白质含量最多只有一盒不达标，说明可能抽取的这 3 盒牛奶全部达标，也可能有 2 盒达标 1 盒不达标。根据加法原理，把 3 盒全部达标的方法数加上有 2 盒达标 1 盒不达标的方法数即是所求。

由（1）、（2）知抽取的 3 盒牛奶中蛋白质含量最多只有一盒不达标的方法数为 $152096 + 9506 = 161602$（种）。

王小厨实践

1. 计算
（1）C_3^2　　　　（2）C_5^3　　　　（3）C_5^4　　　　（4）$C_3^1 + C_3^2 + C_3^3$

2. 某校高二烹饪班有 150 名学生，从中选出 5 人来参加比赛，共有多少种选法？

3. 从 10 件雕刻作品中任选 3 件出来参加比赛，共有多少种选法？

4. 共点的 3 条直线最多可以确定几个平面？

5. 从 100 件产品中任意抽取 4 件检查，若这 100 件产品中有 6 件次品，其余都是合格品。

（1）抽取的 4 件中恰好有 2 件次品的抽法有多少种？

（2）抽取的 4 件中至少有 1 件次品的抽法有多少种？

7.6　排列组合与筵席菜单

王小厨点击

周末，王小厨的表姐将要在酒店举行婚宴。于是，这天表姐拉上王小厨一起去酒店，帮她参谋菜单以及上菜的次序等问题。王小厨不负所托，让表姐颇为满意。

张大厨揭秘

我们去酒店点菜，经常会跟排列组合打交道。比如同等价格的菜肴有很多，这样选择就会有很多，那么到底有多少种选择呢，其实是可以计算出来的。这个问题就是一个组合问题。又如你点好菜后,需要酒店先上什么菜,后上什么菜,此时对于上菜的次序就是一个排列问题。

王小厨磨刀

1. 如果你和一个朋友去饭店吃饭,现在要从下面列举的菜肴中点 4 道菜,你有多少种选择?

兰花烧海参、瓦糕鲍鱼、盐水大虾、美味全家福、姜葱炒飞蟹、金牌蒜香骨、葱油双鲜、广式多宝鱼、白灼芥蓝

2. 表姐的婚宴菜单中,需要从 18 道冷菜中选择 8 道冷碟,在不考虑菜肴的搭配等条件下有多少种选择?

张大厨示范

【例 7.9】 下面是一家酒店提供的 6 份婚宴菜单,根据菜单回答以下问题。

(多功能厅)百年好合宴 1380 元/席 * 10 位用(D 套) 凉菜:风味八冷碟 热菜:卤水大拼盘 　　京葱烧海参 　　清蒸大连鲍 　　盐烤大虾 　　海味全家福 　　蛋黄火局飞蟹 　　西芹百果炒螺片 　　脆皮黄金鸡 　　葱油桂花鱼 　　蚝油西生菜 点心:美点双辉 主食:富贵喜面	(多功能厅)百年好合宴 1380 元/席 * 10 位用(C 套) 凉菜:风味八冷碟 热菜:卤水大拼盘 　　兰花烧海参 　　瓦糕鲍鱼 　　盐水大虾 　　美味全家福 　　姜葱炒飞蟹 　　金牌蒜香骨 　　葱油双鲜 　　广式多宝鱼 　　白灼芥蓝 点心:美点双辉 主食:富贵喜面
(多功能厅)比翼双飞宴 1580 元/席 * 10 位用(C 套) 凉菜:精美八冷碟 热菜:卤水拼盘 　　京葱烧海参 　　雀巢海中宝 　　葱油活中鲍 　　盐烤大海虾 　　蛋黄飞蟹 　　甜橙扒乳鸽 　　富果百合炒虾仁 　　广式多宝鱼 　　清炒时蔬 点心:美点双辉 主食:双喜伊面	(多功能厅)比翼双飞宴 1580 元/席 * 10 位用(D 套) 凉菜:精美八冷碟 热菜:红烧海参 　　海味全家福 　　瓦糕中鲍 　　火靠大虾 　　避风塘飞蟹 　　东坡肘子 　　香炸二样 　　广式石斑鱼 　　西芹酱耳炒目鱼 　　芦笋炒鸭舌 点心:美点双辉 主食:双喜伊面

(多功能厅)心心相印宴 1280 元/席 * 10 位用(C 套) 凉菜:精美八冷碟 热菜:卤味大拼盘 　　红烧海参 　　雀巢海中宝 　　葱油活鲍鱼 　　茄汁大虾 　　蛋黄飞蟹 　　脆皮童子鸡 　　芦笋炒鸭舌 　　广式蒸牙片鱼 　　清蒸时蔬 点心:美点双辉 主食:双喜伊面	(多功能厅)心心相印宴 1280 元/席 * 10 位用(D 套) 凉菜:精美八大冷碟 热菜:锦绣大拼盘 　　兰花烧海参 　　海味全家福 　　瓦糕鲍鱼 　　豆豉蒸夏夷贝 　　盐水大虾 　　鲍汁飞蟹 　　西芹百合鱿鱼花 　　广式加吉鱼 　　白灼芥蓝 点心:美点双辉 主食:双喜伊面

(1)如果你去预订酒席,需要选择一份菜单,则有多少种选择?

(2)如果你选择了比翼双飞宴的 C 套,由于你选择的是酒店给出的菜单套餐中价格最高的一组,现在给出优惠,你可以再在其他 5 套宴席菜单中任意挑选 2 道冷碟和 3 道热菜,则你有多少种选择方式?

(3)如果你选择了比翼双飞宴的 C 套,另外加上酒店赠送的 2 道冷碟和 3 道热菜。若上菜按照"凉菜－热菜－点心－主食"的次序,则你共可以列出多少种上菜的次序?(只需要列出算式)

(4)如果你选择了比翼双飞宴的 C 套,另外加上酒店赠送的 2 道冷碟和 3 道热菜。此时热菜有 13 道,若盐烤大海虾必须和蛋黄飞蟹一起上,则仅热菜共有多少种上菜次序?(只列式)

(5)热菜情况同(4)。若卤水拼盘必须最先上,清炒时蔬必须最后上,另外盐烤大海虾必须和蛋黄飞蟹分开上,则仅热菜有多少种上菜次序?(只列式)

解　(1)由于这家酒店提供的婚宴菜单共有 6 套,所以选择方式有 6 种。

(2)其他五套宴席菜单,共有 40 道冷菜和 50 道热菜,所以任意选择 2 道冷碟和 3 道热菜,这是一个组合问题

$$C_{40}^2 \times C_{50}^3 = \frac{40 \times 39}{2 \times 1} \times \frac{50 \times 49 \times 48}{3 \times 2 \times 1} = 15288000$$

所以共有 15288000 种选择方式。

(3)这个问题中由于上菜是按照一定的次序进行的,所以这是排列问题。又由于大方向的上菜次序已定为"凉菜－热菜－点心－主食",所以只需要计算每一步内部的上菜次序。即

$$P_{10}^{10} \times P_{13}^{13} \times 1 \times 1 = 10! \times 13!$$

(4)只考虑热菜的 13 道上菜的次序,仍然是一个排列问题。首先,由于盐烤大海虾必须和蛋黄飞蟹一起上,所以不妨把它看成"一道菜",和另外的 11 道菜一起,

看成"12"道菜的上菜次序问题;其次,再考虑盐烤大海虾和蛋黄飞蟹的上菜次序。所以一共有 $P_{12}^{12} \times 2 = 2 \times 12!$

(5)仍然是考虑热菜的13道上菜的次序问题,还是一个排列问题。由于卤水拼盘必须最先上,清炒时蔬必须最后上,所以这两个位置已经确定,只需要看其他11道菜的上菜次序即可。又因为这11道菜中,盐烤大海虾必须和蛋黄飞蟹分开上,所以不妨先排其他9道菜的次序,再考虑盐烤大海虾和蛋黄飞蟹的上菜次序。

第一步,排其他9道菜的次序,有 $P_9^9 = 9!$(种)方法。

第二步,将盐烤大海虾和蛋黄飞蟹分别插入到这九道菜中去,如下图所示。

○　　○　　○　　○　　○　　○　　○　　○　　○　　○

即盐烤大海虾和蛋黄飞蟹分别在圆圈的位置,则有 P_{10}^2 种方法。

所以上菜的次序有 $9! \times P_{10}^2$ 种方式。

王小厨实践

1. 周末,王小厨和赵学厨一起去吃必胜客。已知必胜客里比萨有14种,小吃有8种,汤有5种,沙拉有5种,甜点有15种,现在他们俩要点一个比萨,两种小吃,两种汤,一种沙拉和三种甜点。请问:他们有多少种选择?

2. 肯德基里汉堡有7种,鸡翅有3种,汤有2中,饮料有12种,王小厨和赵学厨需要2种汉堡,1种鸡翅,2种汤和2种饮料。请问:他们有多少种选择?

3. 假如厨师长要求你制作一份"冷菜—羹—热菜—主食—水果"共18道菜的婚宴菜单提供给客人,你试试看。

7.7　排列组合与个性套餐

王小厨点击

周末,王小厨在一家快餐店吃了份商务套餐。感觉同等价位的可供选择的套餐真少。他嘀咕说:"如果将来,我来做商务套餐的话,一定可以让顾客有更多的选择。"

张大厨揭秘

现在社会的脚步越来越快,人们已经很难会在中午花费大量的时间去慢慢地点菜吃饭。越来越多的人选择了快餐。

而商家正是看中了这一商机,不断地涌现出各种品牌的商务套餐,以适应各种人的口味。

另外,还有一些商家将各种不同价格的餐点,或者热销和滞销的餐点组合起来,从而产生新的价格,在顾客看来要比单份买便宜,于是会促进消费。商家既达到了促销的目的,也连带着销售了许多原本很冷门的餐点,可谓双赢。

王小厨磨刀

1. 王小厨想去咖啡厅喝咖啡。当他拿到菜单时,发现身边只有 30 元钱,所以只能从 5 种 15 元一杯的咖啡里选择 2 杯;或者从 5 种 15 元一杯的咖啡里选择 1 杯,从 6 种 10 元一份的甜点里选择 1 份。请问:他总共有多少种选择?

2. 赵学厨带了 50 元去喝下午茶。由于下午茶时间段只有 4 种价格为 35 元的主食、3 种 12 元的热饮以及 4 种 10 元一份的甜点。请问:他该怎么选择?

张大厨示范

【例 7.10】 圣诞节快到了,必胜客欢乐餐厅推出了 3 种套餐,分别是 135 元 2 人 A 套餐、135 元 2 人 B 套餐以及 199 元 3 人套餐,如下表所示。现在你和朋友去享用这种套餐,假设选用的餐点没有重复。

(1)如果你要选择 2 人套餐,则有多少种不同的点餐方式。

(2)如果你选择 3 人套餐,则有多少种不同的点餐方式。

(3)如果你不限几人套餐,则有多少种不同的点餐方式。

2 人套餐 A　135 元	
"9 寸"海陆至尊/日式照烧/咖喱诱惑/超级至尊比萨(铁盘/无边)	任选其一
浓情香鸡翼/香草凤尾虾/香烤章鱼仔/海鲜水果沙拉/炭烤鸡肉沙拉	任选其一
冬令暖汤 4 种/趣味冰沙 5 种	任选两份
巧克力融雪/香焙核桃挞/雪域蛋糕/香浓芝士蛋糕	任选其一

2 人套餐 B　135 元	
经典意式肉酱面/上选咖喱鸡丁面/炭烤鸡肉芝士焗饭/一品烧肉焗饭/南美风情烤牛肉	任选两份
浓情香鸡翼/香草凤尾虾/香烤章鱼仔/海鲜水果沙拉/炭烤鸡肉沙拉	任选其一
冬令暖汤 4 种/趣味冰沙 5 种	任选两份
巧克力融雪/香焙核桃挞/雪域蛋糕/香浓芝士蛋糕	任选其一

3 人套餐　199 元	
"9 寸"海陆至尊/日式照烧/咖喱诱惑/超级至尊比萨(铁盘/无边)	任选其一
经典意式肉酱面/上选咖喱鸡丁面/炭烤鸡肉芝士焗饭/一品烧肉焗饭/南美风情烤牛肉	任选其一
浓情香鸡翼/香草凤尾虾/香烤章鱼仔	任选其一
海鲜水果沙拉/炭烤鸡肉沙拉	任选其一
冬令暖汤 4 种/趣味冰沙 5 种	任选三份
巧克力融雪/香焙核桃挞/雪域蛋糕/香浓芝士蛋糕	任选其一

解　(1)选用 2 人套餐,有两种类型,既可以选择 A 餐,也可以选择 B 餐。

对于 A 餐,选择方式为 $C_8^1 \times C_5^1 \times C_9^2 \times C_4^1 = 8 \times 5 \times \dfrac{9 \times 8}{2 \times 1} \times 4 = 5760$(种)

对于 B 餐,选择方式为 $C_5^2 \times C_5^1 \times C_9^2 \times C_4^1 = \dfrac{5 \times 4}{2 \times 1} \times 5 \times \dfrac{9 \times 8}{2 \times 1} \times 4 = 7200$(种)

所以若选择 2 人套餐,共有 $5760 + 7200 = 12960$(种)

(2)选用 3 人套餐,只有一种类型。所以选择方式为

$C_8^1 \times C_5^1 \times C_3^1 \times C_2^1 \times C_9^3 \times C_4^1 = 8 \times 5 \times 3 \times 2 \times \dfrac{9 \times 8 \times 7}{3 \times 2 \times 1} \times 4 = 80640$(种)

(3)如果不限几人套餐,那么选择方式为三种,即 2 人 A 套餐、2 人 B 套餐、3 人套餐。所以选择方式为 $5760 + 7200 + 80640 = 93600$(种)

【例 7.11】　为了适应更多的人来选用商务套餐,我们来研究到底可以制作出多少种不同的套餐。由于荤素汤饭的搭配是固定的,我们只能在各种菜肴上做文章。比如,同等价格的蔬菜有:青菜香菇、蒜泥菠菜、广式菜心、香干芹菜、油焖春笋、香辣土豆丝、鱼香茄子;同等价格的半荤菜有:培红鱼片、茉莉虾仁、宫爆鸡丁、香干肉丝、尖椒牛柳;同等价格的荤菜有:卤鸭、白灼河虾、红烧鱼块、口水鸡、白切肉。这样就可以搭配出不同的商务套餐了。

(1)从中任选一素、一半荤、一荤,则可以搭配出多少种不同的商务套餐?

(2)从中任选两素、一半荤、两荤,则可以搭配出多少种不同的商务套餐?

解　(1)从中任选一素、一半荤、一素,即

第一步,从 7 种素菜中选择一种,有 5 种方法;

第二步,从 5 种半荤菜中选择一种,有 5 种方法;

第三步,从 5 种荤菜中选择一种,有 5 种方法。

所以,共有 $7 \times 5 \times 5 = 175$(种)方法。

(2)从中任选两素、一半荤、两荤,则

第一步,从 7 种素菜中选择 2 种,有 $C_7^2 = \dfrac{7 \times 6}{2 \times 1} = 21$(种)方法;

第二步,从 5 种半荤菜中选择 1 种,有 5 种方法;

第三步,从 5 种荤菜中选择 2 种,有 $C_5^2 = \dfrac{5 \times 4}{2 \times 1} = 10$(种)方法。

所以,共有 $21 \times 5 \times 10 = 1050$(种)方法。

评注:实际中,有些菜是不能相互搭配的,比如菠菜和家常豆腐就不能设计在同一份套餐里;另外,菜肴的搭配还讲究营养全面、颜色协调(符合医学中的红、黑、青、黄、白的五色需求)等。这些都需要大家在学习的过程中不断积累经验。

王小厨磨刀

1. 写出价格差不多的 5 份蔬菜、6 份半荤菜、7 份以虾为主料的荤菜的名称,

若选择 1 份蔬菜,2 份半荤菜,1 份荤菜并配 1 份汤和 1 份饭,价格为 10 元左右,这样的商务套餐可搭配出多少种? 若选择 2 份蔬菜,2 份半荤菜,1 份荤菜并配 1 份汤和 1 份饭,价格在 15 元左右,这样的商务套餐又可以搭配出多少份?

2. 请调查一下永和豆浆里的商务套餐是怎么搭配的。并把它的商务套餐的搭配一一列举出来。

3. 去一趟必胜客,看看它的下午茶套餐是怎么设置的,然后根据餐单设置,自己出题并解答。

7.8　排列组合与体育彩票

王小厨点击

周六,王小厨去书店买书的路上,看到一个体育彩票点有许多人在买彩票,很是热闹。于是,王小厨也走了进去。他先看了看"体彩 6+1",原来每一注"体彩 6+1"都是由 0~9 这 10 个数字任意挑出 7 个数字组合而成的。他掏出 2 元钱,报了一个"1234567"数字组合给营业员,获得了一张彩票。

体彩 6+1

第 08136 期　　　　　总投注额:8314246 元

中奖号码: 6 1 9 2 1 4 + 6

奖级	中奖号码	中奖注数	奖金额(元)
特等奖	619214+6	0	0
一等奖	619214	2	125524
二等奖	61921□、□19214	88	5705
三等奖	6192□□、□1921□ □□9214	1003	300
四等奖	619□□□、□192□□ □□921□、□□□214	15523	20
五等奖	61□□□□、□19□□□ □□92□□、□□□21□ □□□□14	190426	5

然后,他又去看了看这类体彩的中奖方式。原来,特等奖是 7 个数字和开奖数字完全相同,且次序相同。一等奖是前 6 个数字和开奖数字相同,且次序相同。依次类推。后来,他仔细想了想,觉得这和刚刚学习的排列组合有很大的关系。

张大厨揭秘

我们以上面这张彩票为例

1."体彩 6＋1"中的特等奖

由于"体彩 6＋1"共有 7 个空格可以填入,每个空格都可以填入 0～9 这 10 个数字中的任意一个。

如□,□,□,□,□,□,＋□

第一个位置可以有 10 种选择,同样,第二个位置也有 10 种选择,依次类推,第 7 个位置也有 10 种选择,根据分步计数原理可知:共有 $10×10×10×10×10×10×10=10^7$(个)号码。如果你只购买了一张彩票,那么你中特等奖的几率就只有一千万分之一。

2."体彩 6＋1"中的二等奖

中"体彩 6＋1"二等奖的号码是前 6 个数字中连续的 5 个数字与开奖数字相同,第 7 个附加的数字为任意数字。即可能是□,□,□,□,□,☒,＋□或者是☒,□,□,□,□,□＋□。因此,中奖的号码有 $9×10+9×10=180$(个),而你随意买一注号码,则号码可能有 $10×10×10×10×10×10×10=10^7$(个)。

所以如果你只购买了一注彩票,则你中二等奖的几率是 $\dfrac{180}{10^7}=0.000018$

王小厨磨刀

1. 如果你只购买了一张"体彩 6＋1"彩票,请计算一下你中三等奖的几率有多大。

2. 如果你只购买了一张"体彩 6＋1"彩票,请计算一下你中四等奖的几率有多大。

张大厨示范

【例 7.12】　王小厨家楼上的赵大叔是个很爱买"体彩 6＋1"的人,几乎是每期必买,有时一期会买很多注,他希望某一天自己能中个特等奖。这天,赵学厨到王小厨家玩,闲谈之中,王小厨说起赵大叔,这时候,赵学厨脱口而出:"哎,他也真够笨的,把所有的号码都买一遍,肯定能中特等奖和一、二、三、四、五等奖,这样不就发大财了吗?"王小厨笑笑,打趣他:"笨的人恐怕是你哦。"我们一起来分析一下,如果每注"体彩 6＋1"面值为 2 元,中奖金额分别是:特等奖是 500 万元,一等奖是 20 万元,二等奖是 5000 元,三等奖是 300 元,四等奖是 20 元,五等奖是 5 元。现在赵大叔若将所有的号码都买一注,看看他有没有挣到钱。

解　每一注号码都是从 0～9 这 10 个数字中选择 7 个数字构成的,每一个数字之间都是独立的,不影响其他数字的取得。所以共有 $10×10×10×10×10×10×10=10^7$,所以赵大叔需要付出 $2×10^7=2000$(万元)。

下面我们计算一下他获得的奖励:

(1)购买的号码里中特等奖的情况。特等奖是 7 个数字完全相同,共 1 注,所

以是 $1\times500=500$（万元）。

（2）购买的号码里中一等奖的情况。一等奖是前 6 个数字完全相同，最后一个附加数字错误，共 9 注计 $9\times20=180$（万元）。

（3）购买的号码里中二等奖的情况。二等奖即前 6 个数字中连续 5 个数字与开奖数字相同，第 7 个附加数字任意，所以有两种情况：前 5 个数字相同，或者从第 2 个数字到第 6 个数字相同。共有 $9\times10+9\times10=180$（注），每注 5000 元，共 $180\times5000=90$（万元）。

（4）购买的号码里中三等奖的情况。三等奖即前 6 个数字中连续 4 个数字与开奖数字相同，所以有三种情况：前 4 个数字相同，或者从第 2 个到第 5 个数字相同，或者从第 3 个到第 6 个数字相同，第 7 个附加数字任意。共有 $9\times10\times10+9\times9\times10+9\times10\times10=2610$（注），每注 300 元，共 $2610\times300=78.3$（万元）。

（5）购买的号码里中四等奖的情况。四等奖即前 6 个数字中连续 3 个数字与特等奖数字相同，所以有四种情况：前 3 个数字相同，或者从第 2 个数字到第 4 个数字相同，或者从第 3 个数字到第 5 个数字相同，或者从第 4 个数字到第 6 个数字相同，第 7 个附加数字任意。共有 $9\times10\times10\times10+9\times9\times10\times10+9\times9\times10\times10+9\times10\times10\times10=34200$（注），每注 20 元，共 $34200\times20=68.4$（万元）。

（6）购买的号码里中五等奖的情况。五等奖即前 6 个数字中连续 2 个数字与开奖数字相同，所以有五种情况：第 1、2 位数字相同，第 2、3 位数字相同，第 3、4 位数字相同，第 4、5 位数字相同，第 5、6 位数字相同，第 7 位附加数字任意，共有 $(9^4\times10+9^3\times10\times3+9^2\times10)\times2+(9^4\times10+9^3\times10\times2)\times2+(9^4\times10+9^3\times10\times2+9^2\times10)=41.796$（万注），每注 5 元，共 $41.796\times5=208.98$（万元）。

（7）购买的号码里同时中了两个五等奖的情况。中了两个五等奖，即号码中有两组连续的两个号码与中奖号码相同，但这两组号码是不相连的。所以有 $9\times9\times10\times3=2430$（注）。每注应该有 10 元奖金，共 $2430\times10=2.43$（万元）。

（8）购买的号码里中了一个五等奖和一个四等奖的情况。此时，即有一组连续的 2 个号码和不相连的一组连续的 3 个号码与开奖相同。所以有 $9\times10\times2=180$（注）。每注的奖金应该是 $5+20=25$（元），故赵大叔可获得 $180\times25=4500$（元）$=0.45$（万元）。

此时，可以看出赵大叔的收益只有

$500+180+90+78.3+68.4+208.98+2.43+0.45=1128.56$（万元）

相比他付出的钱，是远远不够的。

评注：可以看出，彩票的中奖是靠运气的，若想靠买彩票赚钱，是赌徒的行为。但是，购买彩票却是支持中国体育事业，也为这项事业贡献自己的绵薄之力。所以，少吃一次零食，去支持中国体育吧。

王小厨实践

1. "体彩 6＋1"中的三等奖是前 6 个数字中连续 4 个数字和开奖的号码相同。如果你只购买了一张彩票,那么你中三等奖的几率是多少?

2. 少吃一次零食,去购买一张彩票,支持一下中国体育。并研究一下这张彩票里所蕴藏的排列组合问题。

7.9　排列组合与骰子

王小厨点击

周末,王小厨一个人在家找到了三颗骰子,就自己玩了起来。在游戏的过程中,突然觉得自己对这段时间学习的排列组合问题有了更进一步的认识。

张大厨揭秘

骰子,一般在娱乐的时候会经常看到。掷骰子得到点数的技艺,虽然在很多场合被宣扬得出神入化,但实际上,排除对骰子做手脚之外,掷骰子得到的点数是随机的值。

王小厨磨刀

1. 骰子的外观是_____体,它有_____个面。

2. 一颗骰子,可以摇出_____个不同的数字。

张大厨示范

【例 7.13】　如果有两颗完全相同的骰子,可以摇出多少个不同的数字呢?(不考虑骰子叠起来的情况)

解　因为一颗骰子可以摇出 6 种不同的数字,两颗骰子能摇出多少个不同的数字,即求这两颗骰子摇出来的数字之和。我们可以分成两个步骤。

当第一颗骰子为 1 时,第二颗骰子可以是 1,2,3,4,5,6,和有 6 种情况;当第一颗骰子为 2,第二颗骰子可以是 1,2,3,4,5,6,和有 6 种情况。但第二种情况的一些和与第一种情况是相同的,比如 1＋5＝2＋4。依次类推,发现摇出来的两个骰子的点数之和只能是 2,3,4,5,6,7,8,9,10,11,12 这 11 个值。

所以,两颗完全相同的骰子可以摇出 11 个不同的数字。

【例 7.14】　给你 2 颗形状完全相同但颜色为红、黄两色的骰子,如果要摇出 8 点出来,则每个骰子有多少种可能的点数? 如果给你的是 3 颗形状完全相同但颜色为红、黄、紫的骰子,要摇出 8 点,则又有多少种可能呢?

解　摇出 8 点,也就是让两个骰子的点数之和等于 8,所以点数可能是 2,6;3,5;4,4。由于骰子的颜色不同,所以,他们点数的次序是有要求的,所以还可以是6,2;5,3。共有 5 种情况。

如果让三个骰子的点数之和等于 8,那么三个骰子的点数情况如下:

第一类:若红色骰子点数为 1,则黄、紫骰子点数的可能性是 1,6;2,5;3,4;4,3;5,2;6,1 共 6 种。

第二类:若红色骰子点数为 2,则黄、紫骰子点数的可能性是 1,5;2,4;3,3;4,2;5,1 共 5 种。

第三类:若红色骰子点数为 3,则黄、紫骰子点数的可能性是 1,4;2,3;3,2;4,1共 4 种。

第四类:若红色骰子点数为 4,则黄、紫骰子点数的可能性是 1,3;2,2;3,1 共3 种。

第五类:若红色骰子点数为 5,则黄、紫骰子点数的可能性是 1,2;2,1 共 2 种。

第六类:若红色骰子点数为 6,则黄、紫骰子点数的可能性是 1,1 共 1 种。

所以当和为 8 时,3 个骰子的点数可能有 $6+5+4+3+2+1=21$ 种。

王小厨磨刀

1. 如果给你 3 颗完全相同的骰子,则可以摇出多少个不同的数字?（不考虑骰子叠起来的情况）

2. 如果给你 5 颗完全相同的骰子,则可以摇出多少个不同的数字?（不考虑骰子叠起来的情况）

3. 如果给你 2 颗形状相同颜色各异的骰子,当摇出的点数之和为 6 时,则两颗骰子的点数可以分别是多少? 如果摇出来的数字之和为 10,则骰子点数又分别是多少呢?

4. 若给你 3 颗形状相同颜色各异的骰子,想要摇出点数之和为 10,则有多少种情况?

7.10　生活中的排列组合

王小厨点击

当用乘法原理解释了计算机输入法中拼音输入法和五笔输入法在速度上的差

异后,王小厨的思维变得更加开阔了,不再像以前一样,仅仅把数学理解为"让计算更简单,让问题更加简单"等,而是真真切切地感受到数学的很多知识原来就是自然界的许多事物的普适原理。他也开始学着该怎样去解释那些日常生活中甚至是很普通的事情了。王小厨在知识的道路上又迈向了一个新的境界。

张大厨揭秘

排列组合的确可以解释许多生活中的问题。比如电话号码的设置、车牌号码的设置、人事分类管理、文件夹管理、物种分类等。

王小厨磨刀

杭州的电话号码是_____位,分别是由0~9这10个数字构成的,由于杭州电话号码首位是8,请你计算一下,理论上有多少个电话号码?

张大厨示范

【例7.15】　很多城市在发展的过程中,都会经历电话号码升一个位的过程。你知道这是为什么吗? 若某个城市的电话号码是7位,现在要在原来号码的最前面增加一个数字,那么,理论上这个城市将增加了多少个电话号码?

解　随着城市的发展、人口的增加、人均收入的提高,电话也越来越多,以致原来的电话号码不够用。所以必须采取一定的措施增加电话号码的数量。在原来号码的前面增加一个数字,这是很多城市采取的办法。

若某个城市电话号码原来是7位,则原有电话号码的个数为

$10 \times 10 \times 10 \times 10 \times 10 \times 10 \times 10 = 10000000$(个)

若在最前面增加一个数字,此时电话号码的个数为

$10 \times 10 \times 10 \times 10 \times 10 \times 10 \times 10 \times 10 = 100000000$(个)

所以增加了 $100000000 - 10000000 = 90000000$(个)电话号码。

答:理论上这个城市将增加 90000000 个电话号码。

【例7.16】　不知大家有没有留意过,每个城市曾经的车牌号码都是由该城市所在省份的简称汉字和该城市所在省的大写英文编号以及5个数字构成,后来这5个数字渐渐变成了1个字母和4个数字,而今是由2个字母和3个数字构成。你知道为什么吗? 将数字换成字母有什么好处吗?

解　原来的车牌号码都是由5个数字构成,是因为那时候车少,后来随着生活水平的提高,车子渐渐增加,车牌号码不够用了,所以就采用了一个字母代替一个数字。原因是什么呢? 我们可以来计算一下。

5个号码全部用数字,共有 $10 \times 10 \times 10 \times 10 \times 10 = 10$(万个)车牌号。

当用一个字母代替一个数字之后,则有 $C_5^1 \times 26 \times 10 \times 10 \times 10 \times 10 = 130$(万

个)车牌号。

此时,就增加了 $130-10=120$(万个)车牌号码。

现在用两个字母代替两个数字之后,则有 $C_5^1 \times 26 \times C_4^1 \times 26 \times 10 \times 10 \times 10 = 1320$(万个)车牌号码。

此时,比 5 个号码全部用数字时,足足增加了 $1320-10=1310$(万个)车牌号码。

王小厨实践

1. 一个公司,有经理一人,下面有 6 个部门(各设部门经理一人),每个部门有 4 个科(各设科长一人),每个科有 8 名员工。请问:这个公司有多少人?

2. 杭州市汽车牌照原来为五位数字,例如:浙 A—34568。现在牌照为一位英文字母加四位数字,例如:浙 A—5x367。如果用六位数字代表汽车牌照,则有多少个车牌号? 与现在的一个英文字母加四个数字的车牌号码相比,哪种车牌号码更多?

3. 我国新一代居民身份证共有 18 位数字。请调查其数字的含义,并用所学知识分析其合理性。

第八章　数学与创业

8.1　店面选择中的数学问题

王小厨得到了张大厨的指教之后，觉得信心大增。他跟自己说：未来的王大厨，看来过程是艰难的，前途是光明的！于是开始去选择店面！他到了西湖美食街想看看有没有招租的店铺。看了一圈，与几个出租的老板商量了下一年的租金。由于价格定不下来，他决定，还是得回来请教张大厨。

张大厨揭秘

店面租金是餐厅最大的成本投入之一，一定要非常慎重。选择店面要考虑的因素有很多，比如店面的租金、人流量、周边有无相同的产品等各方面，都会影响今后的餐厅经营。以百胜集团为例，假如看好某一店面，公司会组织人员测人流量、私家车流量。人流量测的是双向的,私家车测的是来到店这个位置方向的。每半小时记录一次,在用餐的高峰期、全天均会作一个统计。如果达到了某一标准,则说明在这方面的条件是成熟的。作为小本经营的创业人员,也可以在这方面借鉴一下。

在了解店面租金之后,一般来说,一年的租金平摊到每天、每月是多少应做到心中有数,看看一天的、一个月的营业额能否做到!

$$月租金=\frac{年租金}{12}\qquad 日租金=\frac{年租金}{365}$$

王小厨磨刀

如果店面的租金每年是 18 万元,那么月租金是 ＿＿＿＿＿＿元,日租金又是＿＿＿＿＿＿元。

张大厨示范

在实际的店面选择中,要考虑的因素其实是很多的,除了上面所说的租金、人流量之外,还有本身产品的定位、周边环境、居民的消费水平等。

【例 8.1】 王小厨美食店一年的租金是 18 万元,目前王小厨美食店的日平均营业额是 4500 元,毛利基本上能控制在 45％左右,另外每天的人力成本、设备折旧等要花 655 元。请问:

(1)目前王小厨美食店的经营状况如何?

(2)2008 年全球金融危机,对餐饮业有了很大的冲击,王小厨美食店的日平均营业额由原来的 4500 元下降到 2500 元,王小厨美食店的经营状况如何?

解 (1)王小厨美食店的日租金是 $\frac{180000}{365}=493.15068(元)$

王小厨美食店每天的毛利是 $4500\times45\%=2025(元)$

王小厨美食店每天的总成本是 $493.15068+655=1148.1507(元)$

王小厨美食店每天的净利润为 $2025-1148.1507=876.84932(元)$

所以目前王小厨美食店的经营状况处于赢利状态,每天的净利润876.84932元。

(2)由上题已知王小厨美食店每天的总成本是 1148.1507 元。

目前王小厨美食店每天的毛利是 $2500\times45\%=1125(元)$

由此比较,目前王小厨美食店每天的总成本是 1148.1507 元;毛利是 1125 元;总成本大于毛利,目前王小厨美食店处于亏本状态,应当改进经营策略。

答:目前王小厨美食店的经营状况处于赢利状态。2008 年全球金融危机,王小厨美食店的经营状况处于亏本状态。

王小厨实践

"好再来"美食坊一年的租金是 30 万元,如果该店目前的毛利控制在 35% 左右,另外每天除租金外的成本要开销 888 元。问:

(1)"好再来"美食坊每个月的租金是多少? 每天的租金又是多少?

(2)要想每天有 1200 元的净利润,每天的营业额必须达到多少以上?

【阅读材料】

店铺取名指南

小店铺投资小、见效快! 现在无论哪个行业,街面上的商业店铺比比皆是,可谓八仙过海、各显神通! 但综观令人眼花缭乱的各类小店,其店铺名称普遍存在字号俗气、意境浅薄、相互雷同及口碑传播效应差、消费特征不明显等现象,因而开好一个小店铺不仅要注重产品质量与服务水平,还应该让自己的店名具有一定的文化内涵与宣传效果,以达到不"名"则已,一"名"惊人之目的!

一、通俗易懂

小店铺一般面对的都是社区居民、过往行人等大众消费群体,所以在命名时尽量通俗易懂,切莫咬文嚼字。如有的老板认为自己是做金属方面生意的,于是便在名称中添一个"鑫"字,而做木材生意的就加个"懋"字,为图吉利的,则把"丰"字特意写成繁体字的"豐"。这样一来即便你在服务质量等方面做得不错,但由于很多顾客不易辨认你的店铺名称,因此影响了消费者在口碑方面的传播,对其他潜在顾客群未能达到有效的宣传。另外,店铺名称虽然讲究通俗,但不能太过庸俗。

二、朗朗上口

店铺的名称一定要响亮、上口、易记,这样才便于传播,要做到这一点,不仅要讲究语言的韵味与通畅,还要抓住消费者的心理需求与精神需求,凡是能与顾客心理产生共鸣的名称,顾客一般都容易记住,并也能乐于传播,特别是一些比较幽默、具有深厚内涵的名称。如有的面馆取名叫"面对面",有的中餐饭店取名为"灶王爷"。相反,让人感觉吐字不爽的名称却显得苍白无力。

三、应具有消费特征

小小店铺的名称不能含糊,其不仅要讲究通俗易懂、朗朗上口这些要点,更重要的是还要能体现小店的消费特征,包括经营项目、经营风格等方面。如灯具店的名称就要让顾客一看到店名就知道你是卖灯具的,如"豪杰灯具"就没有"辉煌灯具"或"明亮灯具"效果好,因为"辉煌"与"明亮"都容易让顾客与"灯"产生联想,而"豪杰"就不一定了! 所以,店铺的字号名称一定要结合你所经营服务的项目和所面临的消费群体,而不能随意称呼。

四、应富有文化内涵

一个产品名称一定要具有丰富、深厚的文化内涵,小店铺也不例外! 这样才能体现店铺老板的素质水平,顾客也容易接受。现在不少小店特别是在文化底蕴方面比较匮乏,显得比较俗气! 如"二娃子饭馆"、"小李服装店"等不乏其数。在赋予店铺字号文化内涵方面一定要从多方面、多角度去考虑,如历史文化渊源、经营产品特征等,像花店的"鲜",饭店的"香",服装店的"美",这都是我们挖掘文化内涵的地方,比如卖文具的"翰墨堂",经营茶铺的"老茶客",这些名称就能体现一定的文化底蕴。

五、须适应当地风土人情

中国地大物博,但又风土人情各异! 所以,在店铺取名时一定要认真了解并充分考虑当地的历史地理、风俗习惯等因素;否则,你的名字稍有不慎,不但不能刺激顾客需求,甚至还会产生负面影响。

六、应名实相符

店铺的名称讲究名实相符是指三方面的因素:一是要与你的经营项目实际相符,如你开的是服装店,但别人听起来倒像个理发店。二是要与你的经营实力相符,现在不少老板在店铺名称方面有点太过霸气,而有的更是夸大其词,如取"××第一店"、"××正宗店"之类的不少,让顾客感觉有点虚有其名。三是一定要结合当地消费市场的实际情况去考虑店铺名称,如竞争环境、消费能力等方面的因素。

七、避免雷同

由于不少店老板自身文化水平有限,因而造就了不少的跟风者,其不仅在经营上跟风,如看到别人开火锅店赚钱,他就立马开个火祸店,且在店铺取名方面也多模仿别人,有的更是直接盗用别人的店名,于是出现了不少店名雷同的现象。以理发店为例:别人取名"魅力发廊",他就取"美丽发廊";别人取"青春发廊",他就取"清秀发廊",一点都没有创意。所以店铺取名一定要有自己独特的个性与内涵在里面,才能有效地吸引顾客的注意力。

八、经典店名任你选

下面,笔者简要提供一些行业的店铺名称供大家参考选择,算是抛砖引玉吧!

1. 面馆店名:面面俱到　十足面子　面对面
2. 服装店名:青春衣然　我衣靠你　婷之美
3. 餐馆店名:巧媳妇　味到家　口留香
4. 副食店名:好保姆　真心诸货　心连心
5. 书店店名:黄金屋　万卷书　知识面包店
6. 茶铺店名:近水楼台　三口品味　自然香

8.2 设备购置中的数学问题

王小厨点击

最近,王小厨一直在忙着餐厅成本支出的计算。餐厅的租金、员工工资等都能够计算,但是对于设备,特别是厨房设备,他还是一团雾水。他甚至在想:设备购置进来是固定资产,要不要算到每天、每月、每年的营业成本中去呢?

张大厨揭秘

设备是餐厅运营中重要的成本组成部分,一般情况下,都以设备的折旧率来进行计算。

设备折旧率是一定时期内(年、月)设备折旧额对设备原值的比率。根据 1993 年 12 月 30 日中国财政部规定,折旧率有以下几种计算方法。

1. 双倍余额递减法

双倍余额递减法是指在不考虑固定资产残值的情况下,用直线法折旧率的两倍作为固定的折旧率乘以逐年递减的固定资产期初净值,得出各年应提折旧额的方法。具体计算方法如下:

(1)年折旧率$=\dfrac{2}{预计的折旧年限}\times 100\%$

(2)年折旧额＝固定资产期初账面净值×年折旧率

(3)月折旧率$=\dfrac{年折旧率}{12}$

(4)月折旧额＝固定资产期初账面净值×月折旧率

(5)固定资产期初账面净值＝固定资产原值－累计折旧－固定资产减值准备

2. 年数总和法

年数总和法又称折旧年限积数法或级数递减法,是指将固定资产的原值减去残值后的净额乘以一个逐年递减的分数计算确定固定资产折旧额的一种方法。逐年递减分数的分子代表固定资产尚可使用的年数;分母代表使用年数的逐年数字之总和,假定使用年限为 n 年,分母即为 $1+2+3+\cdots+n=\dfrac{n(n+1)}{2}$。

其折旧的计算公式如下：

$$年折旧率 = \frac{(n-已实用年数)}{\frac{n(n+1)}{2}} \times 100\% \;(其中\; n \;为折旧年限)$$

$$年折旧额 = (固定资产原值 - 预计残值) \times 年折旧率$$

王小厨磨刀

王小厨美食店厨房设备原值为 50000 元，预计净残值为 2000 元，预计可使用 8 年。若该设备采用年数总和法计算折旧，则其第一年的年折旧率为（　　　）。

A. 12.5%　　　B. 21.33%　　　C. 22.22%　　　D. 19.44%

张大厨示范

【例 8.2】 王小厨美食店有一台微波炉，原值为 7800 元，预计残值为 200 元，预计可用 4 年。试用年数总和法计算每年折旧额。

解 年数总和 $=1+2+3+4=10$（年）

第一年：$(7800-200) \times \dfrac{(4-0)}{10} = 3040$（元）

第二年：$(7800-200) \times \dfrac{(4-1)}{10} = 2280$（元）

第三年：$(7800-200) \times \dfrac{(4-2)}{10} = 1520$（元）

第四年：$(7800-200) \times \dfrac{(4-3)}{10} = 760$（元）

答：第一年折旧额为 3040 元，第二年折旧额为 2280 元，第三年折旧额为 1520 元，第四年折旧额为 760 元。

【例 8.3】 王小厨美食店一套设备原价为 6000 元，预计使用寿命为 5 年，预计净残值为 240 元。要求用双倍余额递减法计算第三年的折旧额是多少？最后一年的折旧额是多少？

解 年折旧率：$\dfrac{2}{5} \times 100\% = 40\%$

第一年应提的折旧额：$6000 \times 40\% = 2400$（元）

第二年应提的折旧额：$(6000-2400) \times 40\% = 1440$（元）

第三年应提的折旧额：$(6000-2400-1440) \times 40\% = 864$（元）

第四、第五年每年应提的折旧额：$\dfrac{(6000-2400-1440-864-240)}{2} = 528$（元）

答：第三年的折旧额是 864 元，最后一年的折旧额是 528 元。

![王小厨实践]

1. 王小厨美食店设备原值 5 万元,预计使用年限为 5 年,预计净残值率为 4%,分别采用双倍余额递减法、年数总和法计算各年的折旧额?

8.3　厨房布局中的数学问题

![王小厨点击]

厨房在餐厅中的作用不言而喻,王小厨觉得自己虽然在学校学习努力、成绩优秀,但是对于厨房的布局设计还是一无所知。应该怎样设计,生产流程才会更加畅通,工作环境才会愉快,工作区更加安全呢?

![张大厨揭秘]

厨房布局的方法各式各样,但主要有直线形、平行线形、L 形、U 形等,一般情况下,很多厨房的布局都是采用直线形、L 形、U 形的混合形布局。如下图便是一个混合形布局。

直线形是把主要的烹调设备按顺序直线排列,置于一个长方形通风排气罩下,每位厨师按分工负责一类菜的加工。

L 形的布局方法适合于厨房空间不够大的情况。

U 形也称为海湾式排列,根据菜肴的加工需要,设立几个区域。

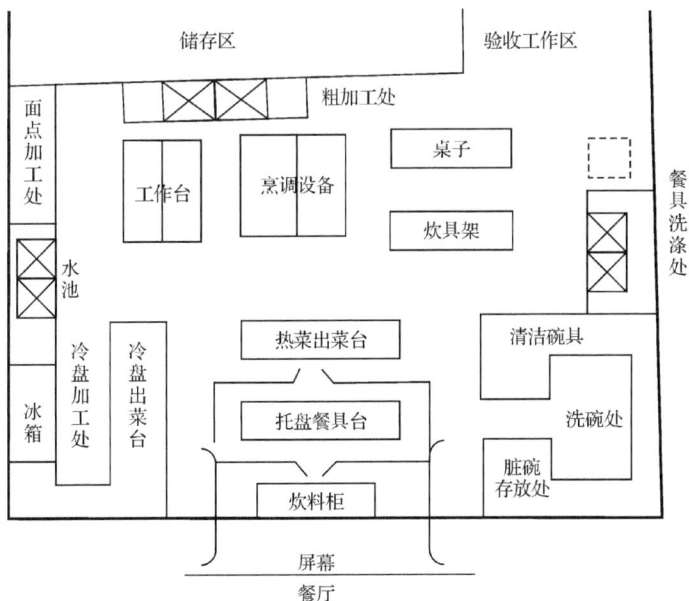

王小厨磨刀

王小厨美食店厨房间是 3m×6m 的长方布局,要想在里面放一个 2.5m 见方的打荷台,你认为合理吗? 请谈谈原因是什么?

张大厨示范

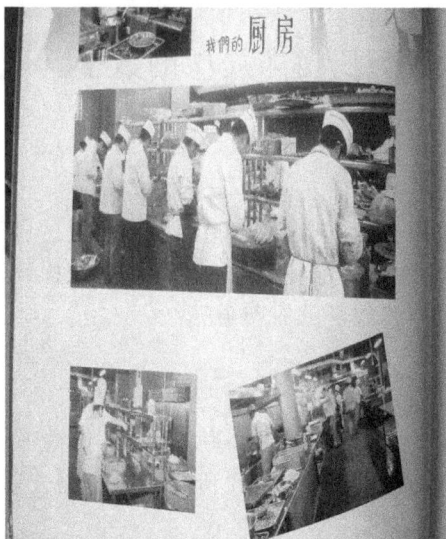

厨房布局设计是否合理,对于节约成本、提高工作效率等方面有着举足轻重的作用。

【例 8.4】 王小厨美食店厨房间的布局是 4m×6m 长方形,地面铺上防滑地砖,每块地砖的面积是 0.4m×0.6m,每块地砖的价格是 4.5 元。请问:要想在厨房间铺好地砖,需要多少费用?

解 厨房间的面积:$4×6=24(m^2)$

每块地砖的面积:$0.4×0.6=0.24(m^2)$

需要瓷砖:$\dfrac{24}{0.24}=100(块)$

需要费用:$100×4.5=450(元)$

答:需要费用 450 元

【例 8.5】 王小厨美食店购进盘柜一个,盘柜内部长、宽各为 1m,高为 0.8m,现要放入直径为 0.25m 的圆盘,如果 0.8m 高可以叠放盘子 15 个。请问:理论上盘柜放满最多可放多少个圆盘?

解 圆盘面积:$S=\pi r^2=\pi\left(\dfrac{0.25}{2}\right)^2≈0.049(m^2)$

盘柜的面积:$1×1=1(m^2)$

所以最多可放 $\dfrac{1}{0.049} \approx 20$（个）

由条件已知 0.8m 高可放盘子 15 个，因此盘柜放满可放 $20 \times 15 = 300$（个）

但是，上面的计算方法没有与实际情况相结合，盘柜一层实际上只能放满 16 个，如图 8-1 所示。

因此，盘柜放满应该可放 $16 \times 15 = 240$（个）

答：盘柜放满可放 240 个圆盘。

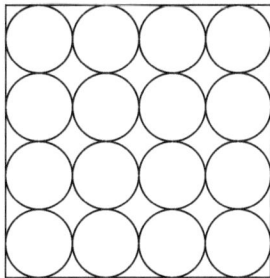

图 8-1

王小厨实践

王小厨美食店最近布置厨房，请大家想一想需要哪些设备？并将这些设备设计于自己平面图纸中，要求摆放合理、便于操作。

8.4　菜单制作中的数学问题

王小厨点击

菜单是餐饮食品的目录。餐厅将自己提供的菜肴、饮料等，经过适当组合印刷在纸上，供客人选择。菜单反映了餐厅的经营方针，是选择设备的依据，同时影响着餐厅人员的配备，影响着食品原料的采购与储藏，还决定着餐饮成本的高低。

张大厨揭秘

制作菜单步骤：

（1）准备所需参考资料：各种旧菜单，每份菜成本或类似信息等。

（2）推行标准菜谱：标明在生产过程中所需要的主料、辅料及调料的名称、数量、操作方法，每份的量和装盘工具及其他必要的信息。

（3）初步设计构思：把可能提供给顾客的菜点、酒水等先填入表格。

（4）菜单的装潢设计：菜单的封面设计、式样选择、图案说明等工作。

讲了这么多，作为一家小型的餐饮企业，菜单菜式的科学定价还是相当重要的。一般来说，菜肴的定价要与本地的消费水平相协调，要与周边类似餐饮企业销售价格相协调，同时又要考虑到本店的成本定价。在具体定价方面，可以采用前面学过的销售毛利率法进行定价。

王小厨磨刀

请回忆销售毛利率的计算方法。已知一份卤牛肉的成本是 12 元，销售毛利率是 45％，则它的销售价格是_____。

张大厨示范

在菜单的定制过程中,菜式的价格是比较难定的。过高会影响客源,过低也会影响餐厅的经营,所以定制一个恰当、科学的菜品价格对于餐厅经营非常重要!

【例8.6】 王小厨美食店估算了本店的各个菜的成本后,定制菜肴价格。

餐厅的部分菜单如下(后面的数据为估算该菜的成本):

香菇青菜 3 元　　三丝本芹 4 元　　家常豆腐 4 元　　番茄炒蛋 4 元

清炒土豆丝 6 元　鱼香肉丝 6 元　　钱江肉丝 6 元　　糖醋里脊 8 元

尖椒牛肉 8 元　　酸菜黑鱼 10 元　　笋干老鸭煲 20 元

(1)如果王小厨美食店菜的平均销售毛利率是 50%,则以上菜单中每个菜的定价应该是多少?

(2)如果将笋干老鸭煲的销售价格调到 48 元,则此时销售毛利率是多少?

解 (1)$P = \dfrac{C}{1 - 50\%}$

由以上公式得出:

香菇青菜 6 元　　　　　三丝本芹 8 元　　　　　家常豆腐 8 元

番茄炒蛋 8 元　　　　　清炒土豆丝 12 元　　　　鱼香肉丝 12 元

钱江肉丝 12 元　　　　　糖醋里脊 16 元　　　　　尖椒牛肉 16 元

酸菜黑鱼 20 元　　　　　笋干老鸭煲 40 元

(2)$P = \dfrac{C}{1 - R_P} \Rightarrow 1 - R_P = \dfrac{C}{P} \Rightarrow R_P = 1 - \dfrac{C}{P}$

所以 $R_P = 1 - \dfrac{20}{48} \approx 58.3\%$

答:如果将笋干老鸭煲的销售价格调到 48 元,则此时销售毛利率是 58.3%。

王小厨实践

设计一份标准菜谱,要求注明生产过程、主料、配料;根据目前的原料采购价格,标明售价(以十个菜为例)。

8.5　人力成本的核算

王小厨点击

王小厨经过了一段时间的策划之后,觉得是准备招兵买马的时候了,于是他决定张贴招聘广告。但是说句实话,在招聘人员和怎样选人等方面还是个外行。不过,他是一个比较有主见的人,打算花在人力上的成本费用是 5000 元。至于怎样招,他还是想先去请教一下师傅张大厨的意见。

张大厨揭秘

在餐厅的各项管理中,员工工资是人们最为关切的一部分。工资制定的合理与否,影响员工工作的积极性和员工对工资的满意度,所以,餐厅经营者在确定员工工资时一是要适度,过低不利于稳定员工队伍,过高会增加餐厅的经营成本。工资基本上包括基本工资、津贴、奖金、福利等。

首先应该根据本店的情况设置人员,再根据上面所说的制定基本工资和资金。

王小厨磨刀

王小厨美食店现招聘服务员 5 人,厨师 3 人,洗碗阿姨一个,他们的工资分别是 1200 元、1700 元、1000 元,则每个月的人力成本是_____元,每天的人力成本是_____元。

张大厨示范

【例 8.7】 王小厨美食店以 6000 元作为人员工资,招两个服务员(工资是一样的);另外招一个切配工,他的工资是服务员的 1.5 倍;一个大厨,每月工资是 2000 元。请问:服务员和切配工的工资每月各是多少?

解 将服务员工资设置为 x,那么切配工的工资便是 $1.5x$,由此我们可以得到:

$2x + 1.5x + 2000 = 6000$

$3.5x = 4000$

$x = 1142.86(元)$

即服务员的工资是 1142.86 元。

切配工的工资是 $1142.86 \times 1.5 = 1714.29(元)$

答:服务员的工资约为 1142.86 元,而切配工的工资是 1714.29 元。

【例 8.8】 王小厨决定工资改革,前三个月为试用期,三个服务员的工资是每人 800 元,一个切配工的工资是 1000 元,过试用期后每人加 200 元。一个主灶师傅享受每月 1500 元的基本工资,若日平均营业额过 4000 元,则主灶师傅享受毛利 25% 的奖金;本店的毛利率是 45%,已知第四个月的日平均营业额是 5000 元。请问:

(1)主灶师傅第四个月的工资是多少?

(2)王小厨在第四个月要支出多少工资?

解 (1)第四个月服务员的工资是 1000 元,切配工的工资是 1200 元,而主灶师傅的工资是 $1500 + 5000 \times 45\% \times 25\% = 1500 + 562.5 = 2062.5(元)$

(2)王小厨这个月要支出人员工资为 $3 \times 1000 + 1200 + 2062.5 = 6262.5(元)$

答:主灶师傅这个月工资是 2062.5 元;王小厨在这个月要支出工资 6262.5 元。

王小厨实践

在本小节例 8.7 中：

（1）如果王小厨想节约人力成本，厨房间只招一个大厨，忙时由王小厨亲自帮忙，则每个月可以节省多少？

（2）如果王小厨想把工资成本减少到 4500 元，大厨工资为 1600 元，服务员人数不变，切配工工资与服务员工资的比例不变，则工资应如何安排？

【阅读材料】

开店审批手续

申请开餐馆需要前置审批，即在工商部门拿到营业执照前，必须先得到卫生许可证和环保部门的排污许可证。

1. 排污许可证的申领

先到辖区环保局办证处申请，受理后，工作人员会上门去检查指导。

领取排污许可证的两个必须条件是：楼上不能有居民住宅；污水要能纳入市政污水管道。上门检查的工作人员会根据营业面积的大小来决定装何种抽油烟机。自己买了家用的抽油烟机或者环保没有认可过的抽油烟机都不行。

办证处的工作人员提醒：在决定租下一个店面或是装修之前，最好向环保部门咨询一下。比如：有的店主在开店装修时，排烟口或厨房的窗口正好对准了后面的住户，即使开始管理部门一时不知，以后居民还是会去投诉，最后往往得再花钱调整。

2. 卫生许可证的申领

在工商局领取开业登记注册证书后，首先要到餐饮店所在地主管卫生防疫站申请卫生许可证，由卫生防疫站派出工作人员到餐饮店进行考察。在工商部门领取申请开业登记注册证书后，首先要到餐厅所在地卫生防疫站申请办理卫生许可证。由卫生防疫站派出工作人员到餐厅进行考察指导。

餐厅应按照《中华人民共和国食品卫生法》的规定，落实餐厅的卫生措施。措施包括环境、餐具、食品、个人四个方面。消灭四害：老鼠、蟑螂、蚊、蝇。餐具卫生实行"四过关"：一洗、二刷、三冲、四消毒。成品存放实行"四隔离"：生与熟隔离；成品与半成品隔离；食品与杂物、药物隔离；食品与天然冰隔离。经审验合格后，便可填写"卫生许可证申请书"。

"卫生许可证申请书"主要项目包括申请人单位、申请负责人、单位地址、法定代表等。

3. 营业执照的申领

不论餐厅的规模大小和经营形式如何，不论餐厅是否具有独立承担民事责任的能力，都必须经过工商行政管理部门注册登记，获取"营业执照"，才拥有合法经营权。办理开业登记手续为：

A. 申请

申请登记时，应当提交下列文件、证件：

组建负责人签署的登记申请书；

主管部门或者审批机关的批准文件；

组织单程或者合伙协议书；

资金信用证明、验资证明；

企业主要负责人的身份证明；

住所和经营场所使用证明；

环保等行政管理部门的批准文件、证件以及其他有关文件、证件。

B. 受理审核

餐厅办理开业。

C. 发照、领照

D. 公告

4. 税务登记的办理

自领取营业执照之日起 30 日内，要向当地税务局申请领取地税税务登记号。带上营业执照的副本及复印件，还有经营者的身份证。个体工商户开的小餐馆要交 5% 的营业税。

具体程序是：先拿身份证原件及复印件到当地工商所登记名称，记住这只是登记一个名称，还没到申领工商营业执照的时候。因为在领取工商执照之前，必须先到辖区内的环保部门和卫生监督所申领排污许可证和卫生许可证。

8.6 保本点计算

王小厨点击

在餐厅经营过程中，成本、销售量和利润之间存在着千变万化的关系，如当餐厅销售量一定时，利润状况如何？ 如果成本发生了变化，为使利润不减少，销售额应作如何变化？ 饮食产品价格变化了会对利润产生什么影响，销售应作如何调整呢？

张大厨揭秘

以上这些问题我们运用保本点分析都能得到解决。保本点是指餐饮企业的经营达到不赔不赚时，应取得的营业收入的数量界限。保本点也称为盈亏临界点，它以盈亏临界点为基础，是对成本、销售量、利润三者之间所进行的盈亏平衡分析。

在进行保本点分析时,首先需要将成本按照其与销售量的关系划分为固定成本和变动成本,固定成本一般保持不变,变动成本却会随着销售量的增减而变动。餐厅所获得的营业收入扣减变动成本后的余额,要先用来补偿固定成本,余额与固定成本相等的点即为保本点。

（王小厨磨刀）

"王小厨土家菜"餐厅预算固定成本全年为 18 万元,综合毛利率为 52.5％。问:餐厅营业额要达到多少时,才能保本经营?

（张大厨示范）

【**例 8.9**】　某餐厅日固定费用为 1300 元(含租金、人工费),一份菜肴的平均成本为 20 元,平均售价为 40 元。试求该餐厅保本点的销售量和保本点的营业收入。

解　设保本销售量为 x,则营业收入为 $40x$,变动成本为 $20x$。

根据保本点的概念:$40x-20x=1300$,$x=65$

保本点营业额为 $40\times65=2600$(元)

答:该餐厅保本点的销售量为 65,保本点的营业收入为 2600 元。

由于餐厅的食品菜肴品种比较多,所以对餐厅进行保本点分析时,适宜用销售金额法。为了简化计算手续,我们通常计算保本点的营业额。那么保本点的营业额如何计算呢? 我们可以应用保本点的营业额公式来计算:

$$保本点营业额=\frac{固定成本}{毛利率}$$

其中,毛利率按综合毛利率计算。

（王小厨实践）

1. 张大厨风味餐厅预期固定成本全年为 16 万元,综合毛利率为 50％,则该餐厅营业额达到多少时,才能保本经营?

2. 王小厨餐厅预期固定成本全年为 20 万元,综合毛利率为 45％,若该餐厅全年的营业额为 50 万元,请问:该餐厅能盈利吗? 如果能盈利,盈利多少呢?

8.7　保本点运用

（王小厨点击）

前面所讲的是怎样保证餐厅保本经营,但是保本不是目的,开餐厅的目的是盈利,那么如何达到预期的盈利呢? 如何实现预期利润呢?

![张大厨揭秘]

保本点分析法是在利润为零的情况下研究销售量(额)与成本之间的变动关系,保本不是目的,盈利才是目的。但只有先保本才有利润可赚。在产品销售价格不变的情况下,如果成本增加了,餐厅的利润就会下降。要使利润不减少,就必须增加销售量(额)。如果餐厅成本的增加是由于固定成本增加引起的,那么计算销售量(额)的公式为:

$$销售额=\frac{原有固定成本+新增加固定成本+预期利润}{1-变动成本率}$$

其中,变动成本率$=\frac{变动后成本}{产品销售价格}\times100\%$

![王小厨磨刀]

王小厨美食店餐厅每年的固定成本为 30 万元,现由于物价上涨,每份菜的平均成本由原来的 10 元提高到 15 元,卖价仍保持 25 元不变,若想保持每年 18 万元的利润,则销售额应为多少?

![张大厨示范]

【例 8.10】　王小厨餐厅为了扩大销售,增加广告费 6000 元,原有年固定成本为 45 万元,变动费用率为 50%,如果仍要保持 15 万元的利润,则销售额应该为多少?

解　45 万元$=450000$ 元,15 万元$=150000$ 元

$$销售额=\frac{原有固定成本+新增加固定成本+预期利润}{1-变动成本率}$$

$$=\frac{450000+6000+150000}{1-50\%}=\frac{606000}{50\%}=1212000=121.2(万元)$$

答:当固定费用增加 6000 元的情况下,要使利润保持不变,营业额应为 121.2 万元。

【例 8.11】　王小厨餐厅每年的固定成本为 45 万元,现由于物价上涨,每份菜的平均成本由原来的 20 元提高到 23 元,卖价仍保持 40 元不变,若想保持 15 万元的利润,则销售额应该为多少?

解　因为平均成本由 20 元提高到 23 元

所以变动成本率为:$\frac{23}{40}\times100\%=57.5\%$

所以销售额$=\frac{原有固定成本+新增加固定成本+预期利润}{1-变动成本率}$

$$= \frac{450000 + 150000}{1 - 57.5\%} = \frac{600000}{0.425} \approx 141.176(万元)$$

答：销售额应该为 141.176 万元。

王小厨实践

1. 某餐厅每年 20 万元的利润，现为扩大销售，投入 5000 元的广告费，而该餐厅每年的固定成本为 45 万元，变动费用率为 45%。请问：销售额为多少时才能保持利润不变？

2. 王小厨餐厅制作一份菜肴的平均成本为 7 元，销售平均价格为 13 元，若该餐厅的固定费用每日为 100 元，求：

(1) 该餐厅每日需销售多少份菜肴才能达到保本经营？

(2) 若固定费用每日增加至 110 元，则每日需销售多少份菜肴才能保本？

(3) 若每日固定费用不变，每日需达到利润 200 元，则需销售多少份菜肴？

(4) 为提高竞争能力，在平均成本不变，销售平均价降到 11 元的情况下，每日需销售多少份菜肴才能保本经营？

8.8 原料采购中的数学问题

王小厨点击

原料成本是厨房间相当重要的一块开销，它包括日常的采购、日常的管理和控制等方面，从某种程度上说，原料合理、成本降低将会帮助餐厅增加净利润，那么应该如何来做好原料采购、合理控制原料成本呢？

张大厨揭秘

原料采购的控制主要是指对原料价格、数量、质量的控制。一般情况下，采购数量较多，价格也就越低，所以采用集中批量订货的方式，可以以较低的批发价获得批发原料。但是，批量订货的原则应是一些不易变质的物质，否则会因存储成本的上升或原料受损变质等因素导致餐厅经营成本的上升。

王小厨磨刀

王小厨美食店 5 月份采购食用油 150 千克，4 月份结存 12 千克，5 月 31 日还有食用油 30 千克。则这个月共消耗食用油_____千克。

张大厨示范

　　饮食产品品种繁多，数量零星，如果计算每项产品的实际成本非常困难。因此在核算饮食产品的成本时，只核算饮食产品所耗用的原材料成本。有条件的饭店或餐饮企业，可以按餐厅或按产品类别计算原材料成本。核算耗用原材料成本是检验餐厅经营成果的一项必要的工作，必须定期进行，一般每月核算一次。

　　1. 按生产部门（厨房）实际领用的原材料计算成本

　　计算公式为：

　　　　耗用原材料成本＝厨房月初节余额＋本月领用额－厨房月末盘存额

　　厨房月末盘存额（包括剩余原材料、未出售的制成品和半成品）需要通过盘点，按配定额和账面价格拆合计算。

　　按生产部门（厨房）实际领用的原材料计算成本适用于条件较好、实行领料制的企业。因此这种类型的企业设有专门储存原材料的仓库和冷藏设备，由专人负责，凡是加工制作所需要的原材料都经过一定领料手续可领用。

　　2. 以存计耗，倒求成本

　　计算公式为：

　　耗用原材料成本＝厨房月初节余额＋本月原材料购进额－厨房月末盘存额

　　"以存计耗，倒求成本"适用于设备条件较简陋的小型饮食业，这类企业不设专门的存储环节，购进的原材料全部交厨房使用，无专人负责，厨房耗用原材料平时不记账，待到月末，根据厨房盘点原材料的剩余情况，采用"以存计耗"的办法计算耗料成本。

　　【例 8.12】　某厨房 3 月份耗用原材料资料如下：

　　2 月底原材料结存额为 7600.00 元

　　3 月初原材料领用额为 163320.00 元

　　3 月末原材料存盘额为 8920.00 元

问:3月份实际耗用的原材料成本是多少?

3月份实际耗用的原材料成本应为 7600.00 ＋ 163320.00 － 8920.00 ＝ 162000.00(元)

答:3月份实际耗用的原材料成本是162000元。

【例8.13】 王小厨美食店5月份采购西湖味精12包,4月份结存2包,5月31日还有3包,每包味精价格是15元。请问:这个月共消耗味精多少元?

解 5月份实际耗用的味精包数为12＋2－3＝11(包)

5月份实际耗用的味精成本为11×15＝165(元)

答:5月份共消耗味精165元。

王小厨实践

王小厨美食店5月份耗用原材料资料如下:

2月底原材料结存额为4500.00元

3月初原材料领用额为20000.00元

3月末原材料存盘额为5100.00元

(1)请问:5月份实际耗用的原材料成本是多少?

(2)请问:5月份平均每天耗用的原材料成本是多少?

8.9　生产管理中的数学问题

王小厨点击

餐饮企业生产过程中的费用包括人工费、经营用品费、水电燃料费及其他费用。人工费一般情况下基本不变,那么应该如何才能更好地做好厨房生产管理呢? 在营业额不变的情况下,如何才能控制好生产过程中各项费用呢?

张大厨揭秘

厨房生产环节多,管理难度大,在实际的管理中,主要包括批量生产的食品成本管理、单件生产的食品成本管理以及平时对调味品、燃料的控制管理,作为小型饭店应该做到心中有数,专门记录。

王小厨磨刀

　　王小厨美食店每天的营业额是 2400 元,在这样的营业额下,两天用完一瓶煤气。如果最近三天刚好用完两瓶煤气,请问:每天至少做多少营业额? 请思考下这能够反映出什么问题?

张大厨示范

【例 8.14】 王小厨美食店推出新菜瓦罐鱼头,要用蚝油 $\frac{1}{5}$ 瓶,老抽 $\frac{1}{10}$ 瓶,番茄莎司 $\frac{1}{5}$ 瓶,生抽 $\frac{1}{10}$ 瓶,料酒 $\frac{1}{4}$ 瓶,大蒜 2 元,另外调味品共计 3.2 元,目前市场上每瓶蚝油、老抽、生抽、番茄莎司、料酒的销售价格分别为 15 元、5 元、6 元、10 元、4 元。请问:制作每份瓦罐鱼头所用的调味品共多少元?

　　解　每份瓦罐鱼头所用的调味品分别是:

蚝油 $\frac{1}{5} \times 15 = 3$(元)

老抽 $\frac{1}{10} \times 5 = 0.5$(元)

生抽 $\frac{1}{10} \times 6 = 0.6$(元)

番茄莎司 $\frac{1}{5} \times 10 = 2$(元)

料酒 $\frac{1}{4} \times 4 = 1$(元)

此外,大蒜 2 元,另外调味品共计 3.2 元。

因此:每份瓦罐鱼头所用的调味品共为 $3 + 0.5 + 0.6 + 2 + 1 + 2 + 3.2 = 12.3$(元)

答:制作每份瓦罐鱼头所用的调味品共 12.3 元。

【例 8.15】 王小厨美食店制作豆沙馅,用去红豆 1.0 千克,其单价为 3.8 元/千克;白糖 1.5 千克,其单价为 2.60 元/千克;猪油 0.2 千克,其单价为 6.00 元/千克。经热加工后得到豆沙馅 2.5 千克,若用此馅料制作豆沙包,每个豆沙包馅重 20 克。试求:豆沙馅的总成本以及每个豆沙包馅的成本各是多少?

　　解　(1)求出豆沙馅的总成本:

原料名称	用量(千克)	单价(元/千克)	金额(元)
红豆	1.0	3.80	3.80
白糖	1.5	2.60	3.90

猪油	0.2	6.00	1.20
合计			8.90

(2)计算出豆沙馅总重量：

从题目中已知豆沙馅总重量为 2.5 千克。

(3)计算能制作多少个豆沙包馅：

$$\frac{2500}{20}=125(\text{个})$$

(4)计算每个豆沙包馅的成本：

$$\frac{8.9}{125}=0.0712\approx0.071(\text{元}/\text{个})$$

答：豆沙包馅的成本是 8.90 元，每个豆沙包馅的成本为 0.071 元。

王小厨实践

王小厨美食店选用李锦记蚝油制作蚝油生菜、蚝油牛肉两道菜，每瓶李锦记蚝油 450 克，制作蚝油生菜、蚝油牛肉分别需要蚝油 45 克、60 克。求：

(1)一瓶李锦记蚝油可制作蚝油生菜多少份？

(2)一瓶李锦记蚝油可制作蚝油牛肉多少份？

(3)如果已经做了两份蚝油生菜、一份蚝油牛肉，那么还可做蚝油生菜多少份？

(4)如果已经做了九份蚝油生菜，那么还可以做蚝油牛肉多少份？

8.10　餐厅营业收入分析

王小厨点击

王小厨经营了一段时间的餐厅之后，觉得餐厅的经营状况应该进行合理的分析，一笔糊涂账是不行的，于是就从营业收入状况开始进行分析。但是应该如何去分析呢？应该主要分析哪几个方面的因素呢？

张大厨揭秘

餐厅营业收入指标是进行经营分析首先要遇到的一项基本指标，它的大小决定了餐厅利润的大小，同时也反映出餐厅的经营规模和水平。

通过对餐厅营业收入状况进行分析，一方面可以及时发现经营中存在的问题，找出造成营业收入下降的原因，巩固已有的业绩；另一方面可以通过分析为下期确定新的经营措施提供依据。

在这里我们以餐厅食品销售收入为主，进行分析。

构成餐厅食品销售收入的因素主要有以下三个：

(1)餐位数量,是指餐厅一次能容纳多少客人同时就餐的座位数。

(2)餐位利用率(餐位周转率),是指在一个开饭时间或一天之中,每个餐位使用的次数。为便于分清主、客观原因,需要用餐位数量和餐位利用率共同来说明餐厅的就餐人次。一般情况下,餐位数量是常量,是客观因素;餐位利用率是主观因素。经营管理好,餐位利用率就高;反之,餐位利用率就低。为增加营业收入,必须从主观上进行努力,提高餐位利用率。

餐位利用率的计算公式为

$$餐位利用率=\frac{就餐人次}{餐位数}\times100\%$$

如果计算一天中早、中、晚每次开餐餐位的平均利用率,可以按下列公式计算:

$$每次餐位平均利用率=\frac{一天就餐人次}{餐位数\times3}\times100\%$$

餐位消费水平,是指每位用餐客人的平均购买力。客人消费水平越高,餐厅的收入越多。餐厅食物菜肴品种多,而且价格高低差距很大,因此一个餐位的平均消费水平可以用以下公式计算:

$$餐位平均消费水平=\frac{餐厅销售收入}{就餐人次}$$

王小厨美食店的餐位利用率为150%,具体代表什么含义?

某餐厅2000年5月与2001年5月的销售情况作比较,说明如何分析餐厅营业收入情况,如表8-1所示。

表8-1　某餐厅收入对照表

项　目	2000 年 5 月	2001 年 5 月	差　异
餐位数/个	350	350	
餐位利用率/%	190	200	10
餐位平均消费水平/元	40	45	5
收　入/元	824600	976500	151900

从上表可以看出,该餐厅2001年5月销售收入比2000年5月增加了151900元,增长了18.42%。导致收入变化的原因是餐位利用率和餐位平均消费水平发生了变化。

①餐位利用率因素的影响:

$350\times31\times(200\%-190\%)\times40=43400(元)$

说明由于餐位利用率提高,使营业收入比2000年同期增加了43400元。

②餐位平均消费水平因素的影响:

$350 \times 31 \times 200\% \times (45-40) = 108500$(元)

说明由于餐位平均消费水平增加,使营业收入增加了 108500 元。

综合两项因素的影响,2001 年 5 月比 2000 年 5 月销售收入增加了 151900 元。

从上面的分析可以看出,2001 年 5 月份餐厅的经营情况是比较好的,5 月份餐饮收入比去年同期增长了 18.42%。

王小厨实践

根据王小厨餐厅 5、6 月份收入对照表(见表 8-2),回答下列问题。

表 8-2

项　目	2008 年 5 月(31 天)	2008 年 6 月(30 天)
餐位数/个	100	100
餐位利用率/%	150	120
餐位平均消费水平/元	50	60

根据以上数据分析:

(1)该餐厅哪个月的经营情况比较好?

(2)分析引起营业收入变化的原因是什么?

8.11　餐厅成本费用分析

王小厨点击

王小厨分析了餐厅的营业收入之后,觉得对于餐厅经营的方针方面有很大的帮助,于是,他想趁热打铁,对餐厅成本费用作进一步分析。那么该怎样去分析呢?

张大厨揭秘

餐厅直接成本的高低不仅与餐饮制作有关,而且与客人就餐标准高低有直接关系。客人用餐的标准高,食品菜肴的成本就高,反之成本就低。营业费用包括固定费用和可变费用。将费用与营业收入综合起来进行分析,引入一个指标——收入费用率。

收入费用率,是指餐厅可变费用与餐厅食品销售收入的比例关系。其计算公式为

$$收入费用率 = \frac{餐厅费用}{餐厅食品销售收入} \times 100\%$$

该公式表明每 100 元食品销售收入所发生的可变费用额。收入费用率越低,表明实现一定营业收入所发生的费用越少,费用控制就越好。

![王小厨磨刀]

王小厨餐厅每月的费用是 12000 元,每月餐厅的销售收入是 350000 元。请问:收入费用率是多少?

![张大厨示范]

【例 8.16】 根据王小厨餐厅 2000 年 5 月与 2001 年 5 月收入、费用对照表,分析餐厅的成本费用(见表 8-3、8-4)。

表 8-3　王小厨餐厅收入对照　　　　　　　　　　　　　　单位:元

项　目	2000 年 5 月	2001 年 5 月	差　异
餐位数	350	350	
餐位利用率	190%	200%	10%
餐位平均消费水平	40	45	5
收　入	824600	976500	151900

表 8-4　王小厨餐厅费用对照　　　　　　　　　　　　　　单位:元

项　目	2000 年 5 月支出额	2001 年 5 月支出额	差　异
水　费	7000	5800	-1200
电　费	9100	11200	2100
消费品	6700	7300	600
燃料品	7800	8500	700
原材料损失	400	500	100
运杂费	6000	6400	400
合　计	37000	39700	2700

从表 8-4 中的数字可以看出,该餐厅 2001 年 5 月份的费用支出比 2000 年同期增加了 2700 元,增长 7.3%。如果单从费用绝对值上判断该餐厅费用控制的好坏是不合适的,因为这些可变费用的多少与餐厅接待量的大小有直接关系。随着接待量的增加,营业收入不断上升使可变费用随着增加也是正常的。

该餐厅 2000 年 5 月费用率为 4.49%(37000÷824600×100%),而 2001 年 5 月费用率为 4.06%(39700÷976500×100%)。可见,2001 年 5 月比 2000 年同期收入费用率下降了 0.43%。用收入费用率来分析餐厅的费用比用总额绝对值进行分析前进了一步。

![王小厨实践]

根据王小厨餐厅 2008 年 5、6 月份收入、费用对照表,分析餐厅的成本费用(见表 8-5、8-6)。

表 8-5　王小厨餐厅收入对照

项　目	2008 年 5 月(31 天)	2008 年 6 月(30 天)
餐位数/个	100	100
餐位利用率/%	150	120
餐位平均消费水平/元	50	60

表 8-6　王小厨餐厅费用对照　　　　　　　　单位:元

项　目	2008 年 5 月	2008 年 6 月
水电费	7000	6000
燃料费	8000	8500
消耗品	1000	1500
运杂费	6000	6500
合　计	22000	22500

8.12　餐厅营业利润分析

王小厨点击

同样条件下,造成利润变化的因素是多方面的,有可能是餐位利用率的变化,也有可能是人均消费额的变化,为了更全面地掌握利润变化,应该进行餐厅营业利润的分析。

张大厨揭秘

利润是企业经营的最终成果,是检验企业经营状况,反映经营管理水平的综合指标。进行利润分析的目的,是为了找出影响利润大小的因素及影响程度,并在此基础上找出增加盈利或扭转亏损的努力方向。

餐厅利润的计算公式:

餐厅利润＝餐厅营业收入－餐厅成本－餐厅营业费用－税金

餐厅营业收入减掉成本后的余额为餐厅毛利,如果进一步将收入、成本进行分解,则可以将利润的计算公式写成:

餐厅利润＝(餐位数量×计算期天数×餐位利用率×人均消费额)×

(毛利率－税率)－营业费用

从公式可以看出,餐厅利润的大小取决于餐位数量的多少、餐位利用率高低、人均消费水平、毛利率高低、营业费用及税金的多少。

王小厨磨刀

王小厨美食餐位数是 60 人,1 月份的利用率是 150%,人均消费额是 30 元,毛利率是 45%,税率 5%,这个月的营业费用是 150000 元。问:该餐厅的利润怎么样?

张大厨示范

【例 8.17】 餐厅利润分析如表 8-7 所示。

表 8-7

项 目	2007 年 5 月	2008 年 5 月	差 异
餐位数/个	350	350	
餐位利用率/%	190	200	+10
人均消费额/元	40	45	+5
毛利率/%	54	55	+1
可变费用/元	37000	42400	+5400
固定费用/元	100000	100000	
税 率/%	5	5	
利 润/元	267054	345850	+78796

解 ①餐位利用率因素的影响：

$[350 \times 31 \times (200\% - 190\%) \times 40] \times (54\% - 5\%) = 21266$(元)

说明由于餐位利用率提高使利润增加 21266 元。

②人均消费额因素的影响：

$[350 \times 31 \times 200\% \times (45 - 40)] \times (54\% - 5\%) = 53165$(元)

说明由于人均消费水平提高使利润增加 53165 元。

③毛利率因素的影响：

$(350 \times 31 \times 200\% \times 45) \times (55\% - 54\%) = 9765$(元)

说明由于毛利率提高使利润增加 9765 元。

④营业费用因素的影响：

$42400 - 37000 = 5400$(元)

说明由于营业费用增加使利润减少 5400 元。

综合以上各项影响因素使利润增加 $21266 + 53165 + 9765 + 5400 = 89596$(元)。

促使该餐厅经营利润增加的主要因素是餐位利用率和人均消费水平。这里餐位利用率虽然有所提高，但幅度不大，仍有很大的潜力可挖。按一日三餐计算，平均利用率不到 70%，如果经营得当，调配得当，利用率还可提高。人均消费水平的进一步提高也有待于增加品种，加强高档食品家肴的推销工作。

王小厨实践

某饭店餐饮部明年要求达到利润为 40 万元，据以往的财务统计，餐饮原料成本占营业收入的 45% 左右，营业税占 5%。部门经营费用占 30%，餐饮部部门分摊的企业管理费占 5%。预计明年这些项目占营业收入的比例变化不大。试求：

(1)餐饮部要完成 40 万元的年利润指标，年餐饮营业收入至少应达到多少？

(2)如果该饭店餐饮部共有餐位 100 个，餐位利用率为 200%，每日供应三餐，每位客人的平均消费额应为多少？（全年以 365 天计算）

第九章　趣味数学

9.1　斗智游戏中的数学

我国历史上有一个齐王与田忌赛马的故事。战国时期的一天,齐王要和田忌赛马。他们规定每人从自己的上等马、中等马和下等马中各选一匹进行三场比赛,每一场获胜者可以从失败者那里赢得千金。当时按同等级的马相比,齐王的马肯定比田忌的马强,看来齐王胜利在握,稳得三千金了。田忌的谋士为田忌出了一个主意,叫他用下等马去与齐王的上等马比赛,上等马与齐王的中等马比赛,中等马与齐王的下等马比赛。结果,田忌的下等马输了,而上等马和中等马都赢了。田忌不仅没有输掉三千金,反而赢得了一千金。

这个故事给了我们很大的启发,说明在竞赛或者斗争中(小至下象棋、打扑克,大至军事战争)策略很重要。策略正确,弱者也能获胜,问题就是要我们多动脑筋去争取胜利。

下面一些游戏,请你想一想,采取什么策略能获得胜利。

1. 抢数游戏

【例 9.1】　抢 30

两人轮流报数,从 1 开始,每人每次只能报 1 个或者 2 个数。如第一个人可报 1 或者 1、2,第二个人就可以报 2 或 2、3,或者 3 或 3、4,这样继续下去,谁报到 30,谁就获胜。

想一想,你用怎样的策略才能取胜?

分析:要报到 30,必须抢到 27,这样对方不论报 28 或者 28、29,你都可以把 30 稳在手中。而要报到 27,必须抢到 24;依次类推,你必须抢到 21,18,15,12,9,6,3。

所以每轮报数的时候,都必须抢到 3 的倍数才能抢到 30。

练一练

(1)让 30　根据例题的游戏规则,谁先报到 30 的为输。想一想,你应该采取什么策略?

(2)报 1～3 个数,抢 30　两人轮流报数,每人每次可报 1～3 个数,从 1 开始报起,谁先报到 30 为胜。为了取得胜利,你又该采取什么策略?

(3)抢 70　两人轮流报数,每次可报 1～2 个数,报到 70 的人获胜。想一想,应该采取什么策略才能取胜？

（4）抢100　两人轮流报数，每次可报1～5个数，谁先报到100获胜。为了获胜必须采取什么策略？

（5）让100　游戏规则和抢100相同，但先报到100的人为失败者。想一想，获胜的策略如何？

结论归纳

通过以上游戏，可以归纳抢数游戏的获胜策略如下：

（1）先寻求规则中每次报数的最少个数与最多个数的和。

（2）寻找这个和与所要抢的数之间的倍数关系（是整数倍，还是整数倍多几）。

（3）决定每次报数时应"占领"什么数（是"占领"2中的倍数，还是"占领"倍数多几的数）。

（4）根据所要"占领"的数，以确定是争取先报数，还是后报数。

2. 火柴游戏

【例9.2】　两堆火柴

两堆火柴，一堆8根，一堆15根。两人参加游戏，轮流从其中的任意一堆拿走1根或者几根火柴（甚至可以把这堆火柴一次拿完），但每次不准一根不拿，也不准从这堆拿几根，又从那堆拿几根。谁拿到最后一根或几根火柴，谁就获胜。想一想，如何拿才能获胜？

分析：你要想拿到最后一根或者几根（可以把它称为最后一堆），也就是要想办法使火柴只剩下一根或者一堆。现在有两堆，如果对方先拿，他不可能先拿一堆。所以他只可能拿一堆中的一根或者几根，这样，主动权就掌握在对方手里了，所以你要争取先拿。

另外，不管最后剩下是一根还是一堆，从剩下的火柴"数量"（单位是根或堆）来说，剩下奇数根（或堆），才会有利于自己；也就是说，如果剩下偶数根（或堆）火柴给对方，则对方一定不会获胜。由此分析，可这样去做：在15根一堆里拿去7根，使留下的两堆火柴每堆都是8根，记作(8,8)。以后对方在某一堆里拿去几根，你就在另一堆里拿去相同的根数。这样进行下去，你就一定能够拿到最后一根（或几根）。

大家一起来玩一玩

（1）三堆火柴　三堆火柴，一堆1根，一堆2根，一堆3根，其他规则同例题。怎样才能拿到最后一根（或几根）。

（2）任意堆火柴　如果有任意堆火柴，每堆任意根，其他规则同例题。怎样才能拿到最后一根（或几根）。

（3）拿最后一根为输　上面的游戏都是拿到最后一根（或几根）为胜。现在规定，谁拿到最后一根为输，该怎样拿？

9.2　方案选择中的数学

上一节课,我们讨论了游戏中的策略,其实在生活中,也有许多问题可以采取一定的策略进行优化。

【例9.3】 打乒乓球的策略

小明爱好打乒乓,球艺也不差。他刚转到了一所新的学校。这所学校的小军、小青是两个乒乓球尖子,而且在球技上小军高于小青。为了要推荐一人去参加区里的比赛,学校组织他们三人举行一次选拔赛。比赛进行三场,由小明分别对小军和小青;并规定如果小明能连胜两场,就作为学校代表去参加区里的比赛;至于对手的安排,可以从军—青—军,或青—军—青两个方案中由小明挑选。为了取得这次选拔赛的胜利,小明应该挑选哪一个方案比赛更有获胜的把握?

分析: 由条件可知,小军的实力是较强的,小明如果选择青—军—青方案,那么,小明只要与小军赛一场,这场一输,选拔就毫无希望了。如果选择军—青—军方案,小明与小军赛两场,只要赢一场,那么连胜两场的可能性就大了。

看看下面的问题,你能否有较好的策略?

1. **排队打水**　居民楼的自来水管坏了,有10位邻居带着各自的容器到临时接装的水龙头前来打水。根据容器的大小,他们注满容器的时间分别要1分钟、2分钟、3分钟……10分钟。请问:工作人员应怎样安排他们的先后次序,才能使所花打水、等候的总时间最少? 10个人总共花多少时间?

2. **车站设置**　在一条公路的某段路上,每隔约500米有一个居民新村,共有五个新村。每个新村所住的居民数如图9-1所示。现在要在这段路上某一新村处设一个公交车站,要求使所有居民到车站的路程总和最小。问:车站应设在哪里?

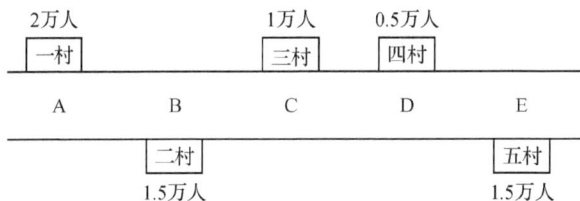

图 9-1

3. **巧排水管**　在热电厂的一侧有10家工厂,各厂之间的距离如图9-2所示(单位:千米)。为了节约能源,由热电厂直接供应热水。热水管有粗细两种与各工厂相连接。粗水管足够供应所有各厂用热水,细管只能供一个厂用水。安装热水管的材料与安装费,每千米粗管要12000元,细管要3000元。为了尽量节约费用,又能充分供应各厂热水,应怎样接装使管子总费用最少? 最少费用是多少?

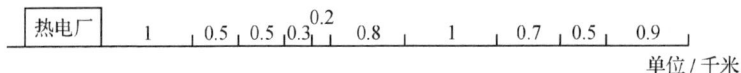

图 9-2

9.3　棋牌魔术中的数学(1)

常常,许多观众都被舞台上魔术师的"戏法"深深吸引,但当大家知道"戏法"的原理时,会发现许多问题都很简单。

其实,你也是可以成为"魔术师"的。

1. 巧取叫牌

表演者用一副扑克牌中的 $A(1),2,3,\cdots,10$ 共40张,排成4行,牌面向上。第一行全是黑桃,从左至右排成 $1,2,3,\cdots,10$;第二行全是方块,按 $10,1,2,\cdots,9$ 的次序排列;第三行全是红桃,按 $9,10,1,2,\cdots,8$ 的次序排列;第四行全是梅花,按 $8,9,10,1,2,\cdots,7$ 的次序排列。

接着是收牌。收牌时仍然将牌面向上,次序是:第一行第1张,第二行第1张(放在前者的下面,下同),第三行第1张,第四行第1张,将4张牌叠齐,翻个身,使牌面向下放在桌子上。类似地收第二列的4张牌,收完后也翻个身,放在第1堆4张牌的下面……直到所有的牌都收起放好为止。

这时,表演者请观众任意叫一张牌。表演者将这张牌的点数(设为 n)根据黑桃 $4n$,方块 $4n+3$,红桃 $4n+6$,梅花 $4n+9$ 的公式默默口算,所得结果是几,就在这堆牌中从上到下数到第几张牌。

例如:观众叫红桃7,于是表演者口中念念有词,实际上他在计算 $4\times 7+6=34$,再一张一张装作辨认的样子,当数到第34张(或倒数第6张)时,拿出来翻转给观众看,正是红桃7。

又如:观众叫梅花10,表演者只要照公式计算: $4\times 10+9=49$。这里超过40怎么办呢? 只要再减去40就可以了,因此表演者只要翻到第9张牌,就是梅花10。

你能想出这一魔术的奥秘在哪里吗?

你来表演一下!

2. 牌还原主

表演者背过身去,请观众把一副54张的扑克牌任意分成三堆,并数一下每堆牌各有多少张。例如,第一堆有24张;第二堆有11张;第三堆有19张。每堆牌的张数表演者是不知道的。

请观众暗中进行下列计算:

(1)将每堆牌数的个位数字与十位数字相加求和。 即:

第一堆牌是 $2+4=6$;

第二堆牌是 $1+1=2$;

第三堆牌是 $1+9=10$。

$6+2+10=18$

(2)再把最后结果(18)的个位数字与十位数字相加。

即 1＋8＝9

最后得到的数字是 9,也不要告诉表演者。

让观众将三堆牌收拢在一起,并按照最后计算的结果(9),记住从上到下第 9 张牌的花色和点数,例如是方块 2,牌仍旧放好,次序不打乱。

观众的这些动作,表演者都是看不见的。但令人惊奇的是,表演者把全副牌拿到身背后随即拿出一张牌来,正是观众所记的那张牌方块 2。

请想一想,这一魔术的诀窍在哪里?

大家来表演一下。

你能不能总结一下,表演这个魔术的时候,为了让观众对你的"超能力"表示惊叹,得把哪些方面要做得到位一些呢?

3. 你能不能为大家表演其他的关于扑克牌的魔术?

9.4　棋牌魔术中的数学(2)

都说,棋子之间,奥秘无穷,许多人在棋子"拼杀"中悟出了许许多多的人生问题。下面,我们从棋子魔术中谈谈数学奥秘。

1. 巧猜棋子数

表演者准备一大堆黑、白围棋子,然后背向观众,并要求观众:

(1)把 19 颗黑棋子放进衣袋里,把 40 颗白棋子放在一个盘子里;

(2)从衣袋里任意取出几颗黑棋子,放在桌子上。颗数表演者是不知道的。

(3)从盘子里取出几颗白棋子,也放在桌子上,但所取的颗数必须与放在桌子上的黑棋子数的和为 19。颗数表演者是不知道的。

(4)再从盘子里取出和桌面上黑棋子颗数相同的白棋子。颗数表演者也是不知道的。

(5)从盘子里取出几颗表演者规定的(例如 5 颗)白棋子交给另一位观众。

于是,表演者就能猜出现在盘子里有多少颗白棋子(16 颗)。

你知道这个魔术的原理是什么吗?

请你为大家表演一下。

2. 棋子布阵

表演者将一大把围棋子放在桌子上,转过身去,要求观众:

(1)选取一些棋子,任意分成几堆(不少于 2 堆),每一堆里的棋子数要相同(每堆不少于 2 颗)。只把堆数告诉表演者。

例如:观众把棋子摆成 6 堆,每堆 10 颗,并告诉表演者共 6 堆。

○○○○○　　○○○○○　　○○○○○
○○○○○　　○○○○○　　○○○○○

○○○○○　　○○○○○　　○○○○○
○○○○○　　○○○○○　　○○○○○

(2)把 5 堆棋子收在一起,放进盘子里。再从第 6 堆中拿出 3 颗棋子,也放在盘子里。

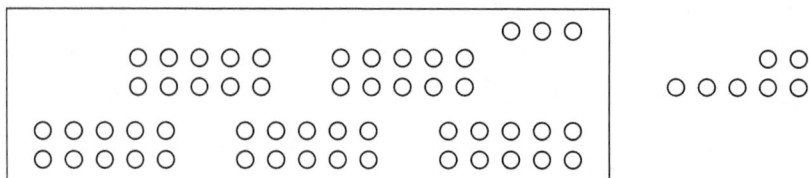

(3)把第 6 堆剩下的棋子一颗一颗分开放,且在每一颗棋子旁边各放上盘子里的 5 颗棋子。

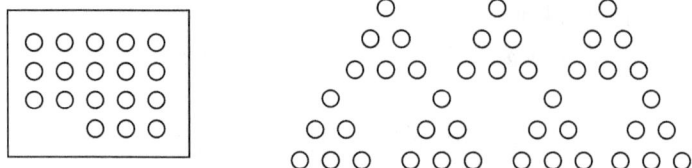

(4)从盘子剩下的棋子里取出 8 颗给表演者。

这时候,表演者可以立刻说出盘子里还剩下 10 颗棋子。

很奇怪吧,表演者居然说得完全正确。

想一想,表演者是怎样知道盘子里的所剩棋子的颗数的?

你也来表演一下。

你还能表演其他的关于棋子的魔术吗?

9.5　数学谜语(1)

一、猜数学名词

【例 9.4】　八刀→分解(把一个物体分了八刀,目的是什么呢? 当然是想"分解"它了)

你也来猜一猜:

(1)车印	(2)互盼	(3)手算
(4)中途	(5)欠钱	(6)入席
(7)肖像	(8)法律	(9)弯路
(10)查账	(11)舌头	(12)停战
(13)再见了妈妈	(14)没有东西的屋子	(15)医生提笔
(16)考试不作弊	(17)重点一遍	(18)边搬边数
(19)彻底消灭	(20)学做生意	

二、猜数字

【例 9.5】　灭火→一("灭"字去掉了"火"字,只剩下了"一")

你也来试一试：

(1)虚心

(2)其中

(3)一来就干

(4)数字虽小却在百万之上

(5)添一笔,增百倍;减一笔,少九成

(6)两只鸟儿对头飞,一只瘦来一只肥

(7)旭日东升

(8)泰山中无人无水

(9)语言不通难开口

三、猜字

【例 9.6】 七十二小时→晶(七十二小时就是三天哦)

你来想想看：

(1)分米　　　　　　(2)一个星期加两天

(3)四去八进一　　　(4)第四季度的第二个月

(5)左边是 18,右边是 11

四、打一成语

【例 9.7】 $\frac{3}{4}$ 的倒数→颠三倒四

你来猜一猜：

(1)$\frac{7}{8}$ 　　　　　　(2)$\frac{1}{100}$ 　　　　　　(3)$\frac{1}{2}$

(4)3.4 　　　　　　(5)0000 　　　　　　(6)1 的任何次方

(7)不变量 　　　　　(8)0+0＝0 　　　　　(9)求根

(10)绝对值 　　　　(11)1∶1 　　　　　　(12)体积

(13)10^3 与 100^2

9.6　数学谜语(2)

一、成语数字游戏(在□中填数字)

【例 9.8】 □刀□断→一刀两断

你来填一填：

1. □朝□夕　　　　2. □日□秋　　　　3. □日□里

4. □字□金　　　　5. □波□折　　　　6. □张□弛

7. □泻□里　　　　8. □长□短　　　　9. □心□意

10. □头□臂　　　11. □令□申　　　　12. 低□下□

13. □分□裂　　　　14. □舍□入　　　　15. □平□稳

16. 张□李□　　　　17. □湖□海　　　　18. □面□方

19. 不□不□　　　　20. 通□达　　　　　21. □花□门

22. □上□下　　　　23. □手□脚　　　　24. □全□美

25. □拿□稳　　　　26. □发□中　　　　27. □众□心

二、文字算式游戏(在□中填数字,组成数,按规定进行计算)

【例 9.9】 □拿□稳－□上□下＝□位□体

解　十拿九稳－七上八下＝三位一体(109－78＝31)

你来练一练:

1. □光□色×不□价＝□货公司

2. □年青÷□合花＝□花齐放

3. □刀□断×□字经＝□头□臂

4. □□火急×□指连心＝□□富翁

5. □□生肖×□级跳＝□□□计

6. □面威风×□窍生烟＝□颜□色

7. □平□稳－□头□臂＝□穷□白

8. □嘴□舌×□视同仁＝□颠□倒

9. □年树木×□年树人＝各有□秋

10. □天打鱼×□天晒网＝□亲不认

三、x 代表什么字

【例 9.10】　$x－7＝$白

解　白和七之和是皂,所以 x 代表皂

你来算一算

1. $x－10＝$回　　　2. $x－24＝$夕　　　3. $x－3$ 日＝人

4. $x－11$ 点＝厂　　5. $x－20$ 日＝月　　6. $30＋$□＝x

7. 2 □＋1 人＝x　　8. $x－2＝$大与小　　9. 沐＋3 口＝x

四、猜谜语

1. 横看像支尺,竖看像根棒,年龄它最小,大哥它来当。(猜一数字)

2. 摘掉穷帽子,挖掉穷根子。(猜一数字)

3. 一粒粮食三尺长,不能吃来只能量。(猜一量词)

4. 岁岁重阳,今又重阳。(猜一数学名词)

5. 独木桥畔百万兵,分开上下两队行,上边兵强一当五,下边兵多听号令。
(猜一计算工具)

6. 这个脑袋真正灵,忽闪忽闪眨眼睛,东西南北带着它,加减乘除不费劲。
(猜一计算工具)

9.7　数学谜语(3)

数学中,经常会用一些文字、字母来代表数字,表达不同的算式。很多算式本身都蕴含了很多巧合和乐趣。请大家考虑以下问题,你也会觉得算式中竟还有这样的奥妙。

大家来试一试:

1. 下面是一个算式,其中每一个汉字代表一个数字,不同的汉字表示不同的数字,相同的汉字表示相同的数字;每一个字母代表一个数字,不同的字母表示不同的数字,相同的字母表示相同的数字。这是怎样的算式?

```
    巧  啊  巧              O  N  E
 +  真  是  巧           +  O  N  E
-----------------        -----------------
    真  是  巧  啊           T  W  O
```

2. 这是一道 4 个四位数的加法算式,其中每个字母代表一个数字,相同的字母表示相同的数,不同的字母表示不同的数。但其中有一个字母写错了,请你指出是哪一个字母错了,正确的应该是什么? 这个算式代表的是怎样的一个算式呢?

```
       a  b  c  f
       d  e  c  d
       b  b  c  d
    +  c  a  c  f
    -----------------
       f  f  f  f
```

3. 把 7～14 各数填入下图中的圆圈内,使纵横 4 个加法算式都等于 30。本题共有 8 组解,你能全部填出来吗?

4. 右图是一家食品店挂出的价目单,可是它只标出每份食品的名称而没有标出价格。店主告诉你,表中每份食物的价格都是整元数,其中相同的汉字代表相同的数字,不同的汉字代表不同的数字;而且每行、每列以及每条对角线

单位:元

酒	糖	可乐
可可	肉	茶
醋	鱼	鸡

上 3 份食品的价格和都相等。如果你能确定出每种食品的价格,店主会给你对折优待。请你试一试。

5. 有一个六位数,它的个位上的数字是 6。如果将这个 6 移到最高位前面,所得新的六位数是原来六位数的 4 倍。求原来的六位数。

6. 请把 1,2,3,4 填入下列 5×5 的方格中,要求如下:

(1)1 可以填入任何一个方格中;

(2)填入 2 时上下左右的方格中至少有一个 1;

(3)填入 3 时上下左右的方格中至少有一个 1、一个 2;

(4)填入 4 时上下左右的方格中至少有一个 1、一个 2 和一个 3。

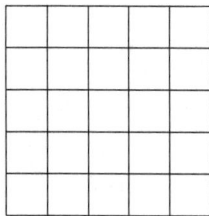

最后,填满 25 个方格,并把所有的数字加起来,算一算,和最大的是多少?

9.8　数学推理(1)

一、数的推理

1. 根据各组数列中数字前后之间的关系,请在括号内填入适当的数,并讲一讲为什么?

【例 9.11】　1,3,5,7,9,(　),13

解　括号里应该填入 11,因为从前面的这些数来看,他们都是奇数,并且都是相邻的。于是可以推断出 9 和 13 之间的奇数就是 11。

练一练:

(1)2,4,6,8,10,(　),14

(2)2,3,5,7,11,(　),17

(3)2,4,8,16,32,(　),128

(4)0,1,1,2,3,5,8,(　),21

2. 请在"?"处填入适当的数。

(1)

21	12	?	45
19	10	23	43

(2)

1	3	7	?
5	15	35	95

(3)

4	10	16	22
3	6	9	?

(4)

3	6	12	?
2	4	8	16

3. 根据下面左边大方格里上下左右四个数之间的关系,右边大方格里的"?"应该填入什么数？为什么？

【例 9.12】

13	5
9	1

19	8
17	?

因为在左边大方格里,左格中的数减去右格的数为 $13-5=9-1$;上格中的数减去下格中的数为 $13-9=5-1$。所以"?"处应该填 6。

练一练：

(1)

4	9
9	7

10	15
8	?

(2)

1	4
6	24

3	12
18	?

4. 从下面每题的 5 组数中选出一组数,它们之间的关系与其他 4 组不一样。

①a. (7,21), b. (4,12), c. (13,26), d. (19,57), e. (27,81)

②a. (6,9), b. (10,15), c. (16,24), d. (22,30), e. (34,51)

5. 下面各题中,每组中 4 个数都是按一定规律排列的,把其中多余的一个数找出来,说一说,为什么？

(1)3,9,18,27,81

(2)9,7,6,5,3

(3)9,18,36,72,108

二、图形的推理

1. 左图中"?"处应是 a～e 中哪一个图形。

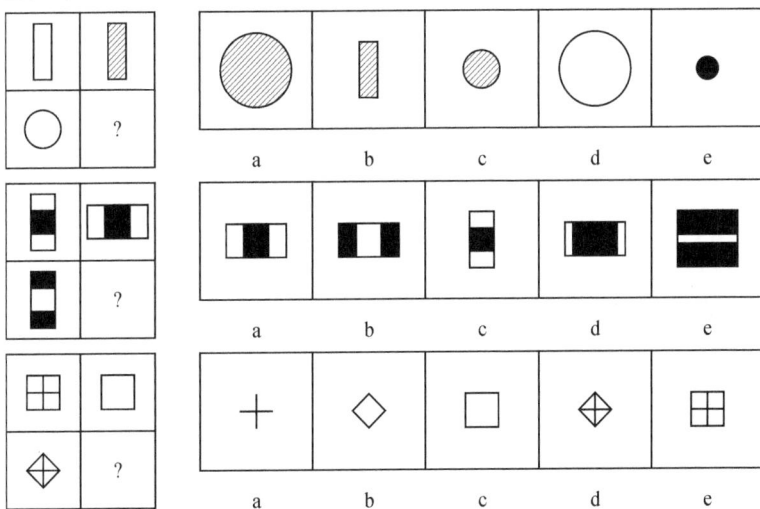

2."?"处是 $a \sim f$ 中哪一个图形。

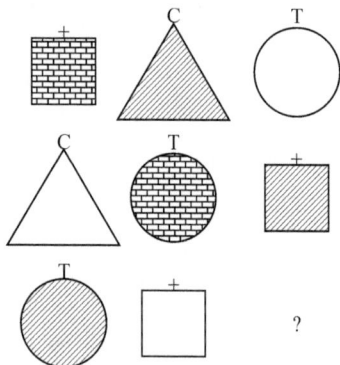

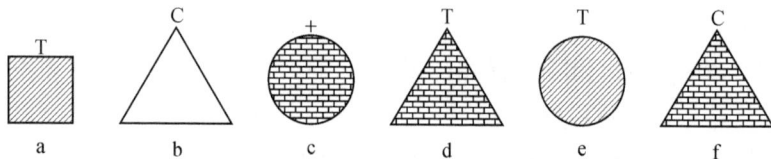

9.9　数学推理(2)

一、简单的文字推理

1. 请根据我的自述,判断我是上面一排数中的哪一个。

【例 9.13】　2,3,4,5

我比 4 小,我不是 3,我是几?

解　根据分析:比 4 小的只有 2 和 3,而它又不是 3,所以只能是 2。

你来试一试:

(1)2,4,5,7

我比 6 小,我不是 2 的倍数,我是几?

(2)12,15,17,18,20

我不是 3 的倍数,我是 5 的倍数,我是几?

(3)4,7,14,15,16

我是 2 的倍数,我比 2×7(的积)大,我是几?

(4)0,2,4,6

我比 5—2(的差)小,我是 2 的倍数,我是几?

2. 根据我的自述,判断我是什么图形。

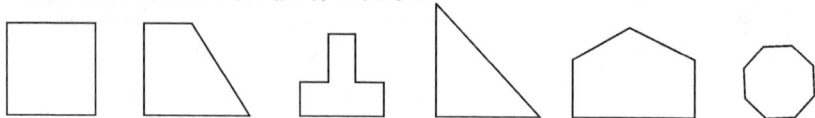

(1)我有两个相等的角,只有一个直角,不是四边形。我是哪一个图形?

(2)我有两组分别相等的角,有两组分别相等的边,不是四边形。我是哪一个图形?

(3)我对边相等,角都是直角,有四条边。我是哪一个图形?

(4)我有四条边,有两个直角,边都不相等。我是哪一个图形?

3. 请根据每一题的具体内容,判断 $A,B,C,D,\cdots$ 各是方框中的哪一个数?

(1)鲁迅先生原名周树人。A 年 B 月 25 日出生在浙江绍兴。他是我国现代伟大的文学家,又是伟大的思想家和革命家。C 年 10 月 D 日逝世于上海,享年 E 岁。

$$\boxed{1936,9,1881,19,55}$$

$A=$ _____ ,$B=$ _____ ,$C=$ _____ ,$D=$ _____ ,$E=$ _____

(2)一个学校的篮球场长 A 米,宽 B 米,它的长比宽多 C 米,周长是 D 米,面积是 E 平方米,篮球架高 F 米。

$$\boxed{86,13,420,15,28,3}$$

$A=$ _____ ,$B=$ _____ ,$C=$ _____ ,$D=$ _____ ,$E=$ _____ ,$F=$ _____

(3)小明在 E 次测验中,成绩依次为 A,B,C,D 分。他的平均成绩为 88.5 分。小亮前 3 次数学测验的成绩,依次比小明同次成绩高 1,2,3 分,为了使他的平均成绩高于小明 4 分,小亮在第 4 次测验中必须得 F 分。

第一次数学测验	第三次数学测验
姓名:小明　　84分	姓名:小明　　93分

第二次数学测验
姓名:小明　　87分

$A=$ _____ ,$B=$ _____ ,$C=$ _____ ,$D=$ _____ ,$E=$ _____ ,$F=$ _____

二、较复杂的推理问题

【例 9.14】 谁做的好事　甲、乙、丙三位同学中有一位做了一件好事,老师问他们,谁做了好事? 他们"调皮"地说了下面的几句话:

甲说:我没有做这件事,乙也没有做这件事。

乙说:我没有做这件事,丙也没有做这件事。

丙说:我没有做这件事,也不知谁做了这件事。

当老师追问后,他们承认上面每人讲的话中都有一句真话,一句假话。根据这些条件,你能分析出到底是谁做了这件好事吗?

分析：可以从丙的两句话开始推论。假设丙做了好事，那么丙的两句话都是假的，这显然与题意矛盾。所以这一假设并不成立。在排除了丙做好事的可能性之后，根据题意，就很容易推得乙做了好事。

练一练：

(1)今天星期几　话说宇宙中有个说谎王国，这个国家的男人和女人在一星期里有几天说真话，有几天说假话。男人说真话的日子是星期四、五、六、日，说假话的日子是星期一、二、三；女人说真话的日子是星期一、二、三、日，说假话的日子是星期四、五、六。有一天，一男一女两人在聊天。

男人说：昨天是我说假话的日子。

女人说：昨天也是我说假话的日子。

请想一想，这天是星期几？

(2)职业与爱好　有三个人，一个姓吴，一个姓周，一个姓杨。他们除了各自的职业外，还各有一样爱好，并且没有相同的爱好。人们有时以"车工"、"电工"、"乐师"、"画家"、"作家"、"教师"称呼他们。此外，还知道下面一些事实：

①车工经常赞扬乐师三弦弹得好；

②乐师、作家常常与姓吴的一起去看电影；

③画家请电工来修过电灯；

④车工和画家的儿子在同一个车间工作；

⑤姓周的向作家请教写作技巧；

⑥姓杨的善于下象棋，姓周的和画家常常输给他。

现在就请你指出这三个人各有哪两门擅长？

9.10　数学名题(1)

在中国古代，有很多著名的数学家或知名人士编著了许多数学问题，流传至今。也有很多当时的文人志士在浅吟低唱的故事被后人编进了数学问题之中。

1. 李白买酒

李白是我国唐代的一位伟大的诗人，人称诗仙。他除了吟诗之外，吃酒是他最大的嗜好。在我国民间就流传着一首李白买酒的打油诗，却是一道十分有趣的数学题。诗句是这样的：

李白街上走，提壶去买酒；

遇店加一倍，见花喝一斗；

三遇店和花，喝光壶中酒。

试问酒壶中，原有多少酒？

你能解答吗？

2. 诸葛摆阵

诸葛亮是三国时期的政治家、军事家,在我国可说是家喻户晓,老幼皆知。在人们心目中他是智慧的化身。在流传着有关他的神机妙算的众多事例中,有些还是数学问题呢。下面就是其中的一则。

话说刘备三顾茅庐,请出诸葛亮后待之上宾,恭敬有加,而张飞一开始对诸葛亮颇不服气。但自火烧新野、大破曹兵后,张飞深叹诸葛亮料事如神、用兵有方,就以师待之。

一天,诸葛亮拿出一个五角星棋盘和 10 颗棋子,对张飞说:张将军,听说你最近用功勤读,学问颇有长进。今天我来考考你。这棋盘中共有 10 个交点,现在要你在这 10 个交点上各放一颗棋子。放棋子有个规定:先沿棋盘上某一直线依次数出三点(注意不能拐弯数),第一点和第二点必须是空位子,于是可在第三点放一颗棋子。当你在棋盘上摆满 9 颗棋子后,第 10 颗棋子就可以放在最后一个交点处。你能不能摆?

张飞一听,想:这还不容易? 于是动手摆起来。想不到的是他花了三天三夜时间,还是不能按照诸葛亮的要求摆满 10 颗棋子,最后不得不老老实实地向诸葛亮请教。诸葛亮微微一笑,三弄两摆,就把棋子摆好了。

诸葛亮是怎么摆棋子的? 现在,你也来当一回诸葛亮,把棋子按照以上规则摆出来。

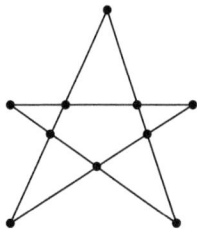

3. 两鼠穿垣

今有垣厚五尺,两鼠对穿。大鼠日一尺,小鼠亦日一尺。大鼠日自倍,小鼠日自半。问:何日相逢? 各穿几何?

此题刊于我国著名的古典数学名题《九章算术》一书的"盈不足"一章中。《九章算术》成书大约在公元一世纪,由于年代久远,它的作者以及准确的成书年代,至今尚未能考证出来。该书是采用罗列一个个数学问题的形式编排的。全书共收集了 246 道数学题,分成九大类,即九章,所以称为《九章算术》。

4. 二马三牛四羊

今有二马三牛四羊,价格各不满一万。若马添牛一,牛添羊一,羊添马一,则各满一万。问:三色各一,价钱几何?

本题是元代数学家朱世杰,于 1299 年编著的《算学启蒙》中的一道著名的题目。

【阅读材料】

元代数学家朱世杰

"燕山朱松庭先生",是我国元朝时代的一位杰出的数学家。所写的《四元玉鉴》和《算学启蒙》,是我国古代数学发展进程中的一个重要的里程碑,是我国古代数学的一份宝贵的遗产。

朱世杰的青少年时代,正相当于蒙古军灭金之后。但在灭金之前,中都(今之北京)便于 1215 年被成吉思汗攻占。

元世祖忽必烈继汗位之后,于 1264 年(至 1266 年)为便于统治中原地区的人民,迁都燕京(后改称大都,亦即今之北京)。到了 13 世纪 60 年代燕京不只是全国的政治中心,而且也是当时全国重要的文化中心,特别是北方的一个文化中心。

忽必烈为了元朝的统治,曾网罗了一大批汉族的知识分子充作智囊团。其中著名的就有王恂(1235—1281)、郭守敬(1231—1279)、李冶(1192—1279)等人,这个智囊团中的人物,对数学和历法都很精通,他们未入朝前曾隐于河北省南部武安紫金山中。13 世纪中叶,在现在的河北省的南部地区和山西省的南部地区,出现了一个以天元术为其代表的数学研究中心。除上述武安的紫金山和李冶元氏封龙山外,山西临汾的蒋周,河北蠡县的李文一,河北获鹿的石信道等人都在研究天元术。朱世杰也继承了北方数学的主要成就——天元术,并将其由二元、三元推广至四元方程组的解法。

朱世杰除了继承北方的数学成就之外,也吸收了南方的数学成就,尤其是各种日用算法、商用算术和通俗化的歌诀等。在元灭南宋以前,南北之间的交往,特别是学术上的交往几乎是断绝的。南方的数学家对北方的天元术毫无所知,而北方的数学家也很少受到南方的影响。朱世杰曾"周游四方",莫若(古代数学家)序中有"燕山松庭朱先生以数学名家周游湖海二十余年矣。四方之来学者日众,先生遂发明《九章》之妙,以淑后图学,为书三卷……名曰《四元玉鉴》",祖颐后序中亦有"汉卿名世杰,松庭其自号也。周游四方,复游广陵,踵门而学者云集"。经过长期的游学、讲学等活动,终于在 1299 年和 1303 年,在扬州刊刻了他的两部数学杰作——《算学启蒙》和《四元玉鉴》。杨辉书中的归除歌诀在朱世杰所著《算学启蒙》中有了进一步的发展。

清罗士琳认为:"汉卿在宋元间,与秦道古(即秦九韶)、李仁卿可称鼎足而三。道古正负开方,汉卿天元如积皆足上下千古,汉卿又兼包众有,充类尽量,神而明之,尤超越乎秦、李之上。"清代数学家王鉴也说:"朱松庭先生兼秦、李之所长,成一家之著作。"朱世杰全面继承并创造性地发扬了天元术、正负开方法等秦、李书中所载的数学成就之外,还囊括了杨辉书中的日用、商用、归除歌诀之类与当时社会生活密切相关的各种算法,并有了新的发展。

由此看来,在朱世杰的工作中,不仅有高次方程的解法,天元术等为代表的北方数学的成就,也包括了杨辉工作中所体现出来的日用、商用算法以及各种歌诀等南方数学的成就,不仅继承了中国古代数学的光辉遗产,而且又有了创作性的发展。朱世杰的工作,从一定意义上讲,既可以看作是宋元数学的代表,也可以看作是古代筹算系统发展的顶峰。就连西方资产阶级学者们也不能否认这一点,乔治

• 萨顿说：朱世杰"是汉族的，他所生存的时代的，同时也是贯穿古今的一位最杰出的数学家"，说《四元玉鉴》"是中国数学著作中最重要的一部，同时也是中世纪最杰出的数学著作之一"。朱世杰以他自己的杰出著作，把中国古代数学推向更高的境界，为中国古代数学的光辉史册增加了新的篇章，形成了宋代中国数学发展的最高峰。

5. 奔跑的狗

苏步青是我国著名的数学家、教育家，历任复旦大学教授、校长等职。1955 年当选为中国科学院学部委员。苏步青的主要研究领域是微分几何学。他又是优秀的数学教育家，从事数学教育达 60 年，培养了大批数学人才。

一次在德国，苏步青和一位有名的数学家同乘电车时，这位数学家出了一道题目给苏教授解答。这道题是：

甲、乙两人同时从相距 100 千米的两地出发，相向而行。甲每小时走 6 千米，乙每小时走 4 千米。甲带了一只狗和他同时出发，狗以每小时 10 千米的速度向乙奔去，遇到乙时即回头向甲奔去；遇到甲又回头向乙奔去，直到甲、乙两人相遇时狗才停住。问这只狗共奔了多少千米。

对这个问题，苏步青教授略加思索，就算出了正确的答案。请你也想一想，该怎么解答？

6. 毕达哥拉斯有多少学生

古希腊的数学家、天文学家、哲学家毕达哥拉斯，对数学的发展作出了卓越的贡献，最著名的是他与他的学生发现并证明了在我国称为"勾股定理"的几何定理，国外称为"毕达哥拉斯定理"。据说当他们发现了这一定理后，他与他的学生欣喜若狂，竟杀了 100 头牛举行盛大庆典，以示庆祝。有一次，有人问毕达哥拉斯有多少学生。他的回答却是一道有趣的数学题：我的学生一半在学数学，四分之一学音乐，七分之一沉默无言，此外，还有三名女生。

请你猜一猜，毕达哥拉斯到底有多少个学生。

9.11　数学名题（2）

1. 斐波那契问题

有一天，意大利著名数学家斐波那契在外面散步，看见一个男孩在院子里养了一对可爱的白兔。几个月后，他又去那儿散步，看见里面大大小小的兔子很多。于是就问小孩："你又买了一些兔子吗？"小孩回答说："没有，小兔子都是原先一对老兔子生的。"经过询问之后，斐波那契知道，一对兔子每月都要生一对小兔，并且小兔子出生后两个月就可以再生一对小兔。这引起了他浓厚的兴趣，经过思考，他编出了一道后来为人们广为流传，且在数学中颇为有用的题目：

假设有一对兔子，每个月都生一对兔子（一雌一雄），新生的兔子两个月后，也每月生一对兔子。那么,由一对兔子开始,满一年后有多少对兔子?

这就是著名的斐波那契问题。你能解答吗?

为了计算方便不妨列出如下的表格,填上每个月的兔子对数。

月　份	1	2	3	4	5	6	7	8	9	10	11	12
兔子对数												

把这些兔子的对数依次写出来,就是斐波那契数列。请仔细观察数列中每一个数之间的关系,你发现了什么规律? 根据这一规律,到第二年底,共有多少对兔子?

2. 巧解工作问题

俄国数学家罗巴切夫斯基,创立了与欧几里得几何不同的罗巴切夫斯基几何,或称罗氏几何,它能更好地反映星际空间的特性。下面一道工程问题是罗氏用巧妙的算术方法,并且不用分数解出来的。请你也来试一试。

某项工作如果甲、乙两人单独做,甲比乙要多用 4 天时间;如果甲先做 2 天,然后与乙合作,那么前后共用 7 天就可以完成。问:甲、乙两人单独完成这项工作各需多少天?

3. 驴子和骡子

古希腊著名数学家欧几里得是欧几里得几何学的创始人,现在中、小学里学的几何学,基本上还是欧几里得几何学体系。请看下面一道题:

驴子和骡子一同走,它们负着不同袋数的货物,但每袋货物都是一样重的。驴子抱怨负担太重。"你抱怨干吗呢?"骡子说,"如果你给我一袋,那我所负担的就是你的两倍,如果我给你一袋,我们的负担恰恰相等。"驴子和骡子各负着几袋货物?

请你也来试一试大数学家的这道题。

4. 农妇卖蛋

瑞士数学家、物理学家、天文学家欧拉 13 岁进入巴塞尔大学学习,18 岁开始发表论文,后去俄国彼得堡科学院讲学,并被选为该院院士,一生著作十分丰富。欧拉生前曾编了一道有趣的算题:

两位农妇在集市上卖鸡蛋,她们一共有 100 个鸡蛋,两人的鸡蛋数目不同,售价也不一样,可是她们卖得的钱数却是一样的。甲对乙说:"如果你的鸡蛋按我的售价去卖,我可以卖得 15 个克罗索(一种德国古货币的名称)。"乙接着说:"不错。可是你的鸡蛋按我的售价去卖,我就只能卖得 $6\frac{2}{3}$ 个克罗索。"问两位农妇各有多少个鸡蛋。

你能解这道题吗? 请试一试。

5. 偶数与自然数的"个数"哪个多

德国数学家康托是"集合论"的创始人。他曾证明了如下的一道题:

非负偶数与自然数的"个数"哪个多?

你也许会这样想,非负偶数是自然数的一部分,全部大于部分,肯定是自然数比偶数多。这你就恰恰想错了。别忘了,非负偶数和自然数都有无限多个,在无限的范围内考虑问题,将会得出与有限范围内不同的结论。再想一想,该题的结论究竟是怎样的?

6. 尴尬的理发师

英国现代数理学家、哲学家罗素,是数学中逻辑主义学派的代表人物。1903年他提出了著名的"悖论",促进了"集合论"理论的发展。他曾获1950年的诺贝尔和平奖。

所为悖论,是从一些貌似正确或看来可接受的约定出发,经过简单正确的推理,却得到自相矛盾的结论。例如,对一个名题,如果假定它为真,经过无懈可击的推理,却推出它为假;但假定它为假,又能推出它为真。这样的名题就是一个悖论。

下面介绍一个由罗素提出的名题:

萨维尔村的一个理发师规定:他只给那些自己不给自己刮脸的人刮脸。这个理发师该不该给自己刮脸呢?

很显然,如果这个理发师给自己刮脸,那么按规定他就不该给自己刮脸。同时,如果他不给自己刮脸,那么按规定他又应该给自己刮脸。

多尴尬的理发师啊! 这样自相矛盾的命题就是悖论。

请你分析下面的一句话:

克里特人艾皮门迪斯说:"所有克里特人说的话都是谎话。"

这句话是否自相矛盾? 为什么?

9.12　数独游戏

一、数独的介绍

"数独"是目前风靡全球的一种益智游戏。这种游戏是在一方简单的九宫格内,通过游戏者的想象、逻辑推理和创新思维,进行脑力探险,为游戏者提供了在不断的挫折中战胜困难、获得成功体验的乐趣。它是游戏者与方格之间的较量,是对游戏者智慧与毅力的考验。

数独一词来自日文,但感念源自拉丁方块,是18世纪数学家欧拉发明的,按照我国的习惯,我们把它称为"九宫格填数游戏"。

所谓九宫格,是指把一个正方形划分为3个一行、3个一列的9个方格,每个方格内填一个数字,分别为1~9。有9个九宫格按从左到右、从上到下排列,拼成一个大正方形图。将1~9这九个数字按一定次序填入每行、每列、每个九宫格的小方格内,每个数字在每行、每列、每个九宫格内只能出现一次。

谜题中会预先填入若干数字,其他宫位则留空,游戏者依靠谜题中的数字分布情况,从研究一组九宫格入手,先寻找组内成对的数字,再推断第三个数字应在哪一格。在推断组内第三个数字时,如果只有一种可能,即可填上,如果有两种、三种可能,先记录下来,再继续探究。当一个九宫格内某一列或某一行已填入 6 个以上的数字时,可对照行、列或九宫格,将 1～9 所缺的数字填入某一空格内,以增加九宫格组内成对数字的机会。

二、数独例题分析

【例 9.15】

			6				7	
7			1	4	5	6		
2				3			4	
		1	3			8		
	6			8			9	
		9			7	5		
	7		8					6
	2	7	5	4				8
	5				1			

解　(1)找组内成对数字 7;

(2)填上行中间九宫格内的数字;

(3)选择 6 的位置;

(4)填中列空格内的数;

(5)补充 8,5,4 的位置;

(6)填入所剩空格内的数字。

练一练:

1.

7					4		2	5
3		4	6			1		7
	2	8	1	5			3	
	1	9		4		3		
4			2	7	9		1	6
5	7	6	3				4	2
1		5		6	2	4	8	
	3	2		9		7		
6			8	1	3		5	9

2.

9					7			3
8	4		6	2		1	7	
	6	1	9		3			5
	2	7	3	1				4
3		4		5	9	7	6	
						8		
		8	7		2		9	
4		6	5			3		8
2						5	1	

3.

6		4		7	2	5		1
	1		3				4	
	8						6	9
9		2	5			7		
4		1	6		3		8	
	3						2	
8			7		4			
			2			3		
3	5		1			4	9	

4.

2		9		4		8		
1			9		6	4		
			2					
				7				9
		3			4	6		8
9		8			5		1	
						7		1
	8		7	2			4	
			5		3			

5.

	3			1			4	
8		9				6		1
	6			8			9	
9								7
		6	5		7	2		
	7		1		4		8	
	1		8		9		5	
		2	6		3	1		
3								6

6.

		4		6				
		7		2			6	
		3		1				8
6		2			8			
	5		1			9		
9			5					
	3			4				5
5				7				
8	4			9		6		

9.13　创意思维

让我们在这一节开始创意思维之旅吧。

1. 满杯空杯交换

如图 9-3 所示,装满水的杯子和空杯子排列在一起,在一次只能动一个杯子的情况下,如果要进行图中所示的变动,则杯子最少要动几次?

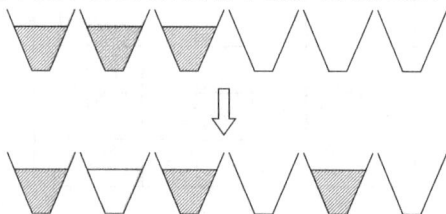

图 9-3

2. 量杯问题

一位牛奶商,有容量分别为5升和3升的两个瓶子,可供他从牛奶罐中量取客户需要的牛奶。请问:如何利用这两个罐子量出1,2,3,4,5,6,7,8,9,10升牛奶?

3. 测量名片长度

订购的名片做好了,现在只知道长的一边长是9cm,在不使用任何尺量的情况下,如何得知较短的一边的长度是多少呢? 如图9-4所示,名片不能折也不能割断。

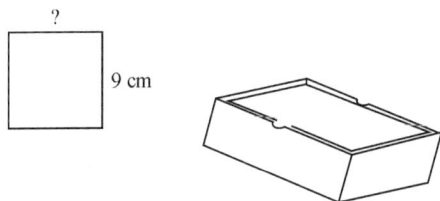

图 9-4

4. 围棋变法

如图9-5所示,把围棋按照下图排列,三颗排成一列,横和斜加起来总共三列。现在,你只能动一颗围棋。如何才能把它变成四列,至少要想出三种方法。

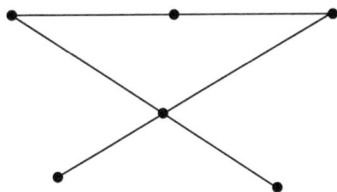

图 9-5

5. 围牛棚

如图9-6所示,有一个用16根栅栏围起来的牛棚,在只能移动5根栅栏的情况下,请问可以把牛棚的面积减半吗? 如果可以,应该怎么做?(16根栅栏得全部利用)

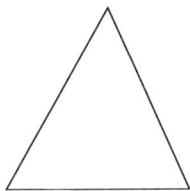

图 9-6

6. 猴兔斗智

猴子和兔子都认为自己最聪明,谁也不服谁,这天,他们请来许多动物,要当众比一比智慧和本领。

猴子骄傲地对兔子说:"你说吧,你有什么本领? 你能做到的我都能做到!"

兔子想了想,说:"我可以坐在一个地方,而你永远不能坐在那里。"

猴子想:登高爬树是自己的拿手好戏,兔子要是比这个准吃亏。他立刻回答道:"不论你坐到哪里,我也能同你一样坐在那里,不然就算我输!"

可是,当兔子坐好以后,猴子却只好认输了。

猜猜看,兔子坐到什么地方了?

7. 切圆柱游戏

如图 9-7 所示,将圆柱切两刀,可以分成同样大小的三等份。 如果要切三刀分成三等份,该怎么切呢?

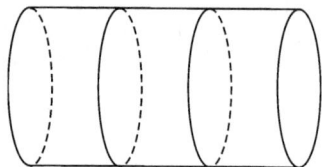

图 9-7